JÜRGEN PELKA

Die Bewertung von immateriellen Wirtschaftsgütern und von
Rückstellungen im Rahmen der Einheitsbewertung des Betriebsvermögens

Schriften zum Steuerrecht

Band 12

Die Bewertung von immateriellen Wirtschaftsgütern und von Rückstellungen im Rahmen der Einheitsbewertung des Betriebsvermögens

Ein Beitrag zum System des Bewertungsrechts

Von

Dr. Jürgen Pelka

DUNCKER & HUMBLOT / BERLIN

Vorwort

Die steuerrechtliche Fachliteratur wird beherrscht von einer von einem einzelnen nicht mehr aufzunehmenden Flut von Darstellungen und Stellungnahmen zu Detailfragen. Ganz überwiegend fehlt diesen Beiträgen jedoch das systematische Fundament. Die Verfasser orientieren sich vordergründig am Gesetzeswortlaut oder an Verwaltungsvorschriften, oder sie stützen sich auf die eine oder andere höchstrichterliche Entscheidung. Es ist evident, daß solche Beiträge das Steuerrecht wissenschaftlich nicht zu fördern vermögen. Die erwähnte Misere besteht in besonderem Maße im Bereich des Bewertungsrechts, das noch mehr als andere Zweige des Steuerrechts bisher ein Stiefkind der Steuerrechtswissenschaft geblieben ist. Tragende Prinzipien sind für das Bewertungsrecht, das seinerseits schon ein allgemeines Fundament für das besondere Steuerrecht bilden soll, nicht oder nur in Ansätzen transparent gemacht worden. Die Arbeit des Verfassers ist schon deshalb verdienstvoll, weil sie sich darum bemüht, Grundprinzipien abzuleiten.

Zu den häufig diskutierten, bisher aber nicht ausdiskutierten Problemen des Bewertungsrechts gehört die Bewertung von immateriellen Wirtschaftsgütern und von Rückstellungen. Die praktische Bedeutung dieses Problems ersieht man schon aus der Vielzahl der einschlägigen höchstrichterlichen Entscheidungen. Offenbar ist es der Rechtsprechung jedoch bisher nicht gelungen, die Probleme befriedigend zu lösen; sonst würde es nicht immer wieder zum Rechtsstreit kommen.

Pelkas scharfsinnige Untersuchung überprüft die Rechtsprechung und Literatur zur Bewertung von immateriellen Wirtschaftsgütern und von Rückstellungen und weist nach, daß die Prinzipien der Gesamtbewertung und der Einzelbewertung, an denen die herrschende Meinung sich bisher orientiert hat, tatsächlich keine Prinzipien, keine Grundwertungen sind, auf denen das Bewertungsrecht basiert. Die herrschende Meinung vermengt, so der Verfasser, in unzulässiger Weise die Bewertungsmethoden mit dem Bewertungsmaßstab. Gesamtbewertung und Einzelbewertung seien Bewertungsmethoden. Die Frage, wie das Betriebsvermögen zu bewerten sei, lasse sich jedoch nur an Hand des Bewertungsmaßstabes beantworten.

Um die Ableitung des Bewertungsmaßstabs hat sich die herrschende Meinung nicht bemüht. Der Verfasser legt zutreffend dar, daß der

Bewertungsmaßstab nicht gefunden werden kann, wenn nicht zuvor die tragenden Prinzipien des Bewertungsrechts eruiert worden sind. Das Fundamentalprinzip der Bewertung entnimmt der Verfasser dem § 9 BewG, wonach mit dem gemeinen Wert als Verkaufswert zu bewerten ist. Der Verfasser legt dieses Prinzip auch der Bewertung des Betriebsvermögens zugrunde und bestimmt anhand dieses Prinzips den Inhalt auch des Teilwertprinzips. Für den Verfasser ist § 10 BewG nur eine Folgenorm des § 9 BewG. Auch die Bewertung der einzelnen Wirtschaftsgüter zum Teilwert will danach zum gemeinen Wert des Betriebsvermögens kommen. Alle Wirtschaftsgüter eines Unternehmens sind mit dem Wert anzusetzen, mit dem sie den Verkaufswert des Unternehmens beeinflussen.

Für die Bewertung von immateriellen Wirtschaftsgütern, insbesondere den Geschäftswert, ergibt sich daraus, daß auch insoweit maßgeblich ist, was ein Erwerber des Betriebs für das immaterielle Wirtschaftsgut zahlen würde. Der Verfasser lehnt die von der herrschenden Meinung getroffene Unterscheidung in originäre und derivative immaterielle Wirtschaftsgüter als in sich nicht schlüssig ab. Rückstellungen sind stets dann als Schuld abzuziehen, wenn sie den gemeinen Wert eines Unternehmens mindern. Wenn ein gedachter Erwerber des Unternehmens für die Übernahme der Rückstellungen einen Betrag vom Kaufpreis abziehen würde, sind sie bewertungsrechtlich als Schuldposten abzuziehen. Die von der herrschenden Meinung für relevant erachtete Differenzierung in aufschiebend bedingte und in unbedingte Verpflichtungen ist nach Auffassung des Verfassers verfehlt. Die Arbeit sieht daher z. B. Rückstellungen für Gewährleistungsverpflichtungen, für das Wechselobligo und für Bürgschaften als abzugsfähige Schuldposten an, ohne daß es darauf ankäme, wann diese Verpflichtungen geltend gemacht werden. Ferner soll, abweichend von der bilanzsteuerrechtlichen Behandlung, eine Kapitalgesellschaft einen Schuldposten für die Dividendenzahlung an die Kapitaleigner bilden können, auch wenn der Ausschüttungsbeschluß erst nach dem Stichtag gefaßt wird.

Die Arbeit des Verfassers hat nicht bloß theoretische Bedeutung; sie ist auch von erheblicher praktischer Relevanz. Sie ist daher nicht nur für den an den wissenschaftlichen Grundlagen des Bewertungsrechts interessierten Leser wichtig, auch für den Praktiker ist sie von Wert.

Prof. Dr. Klaus Tipke, Köln

Inhaltsverzeichnis

Viertes Kapitel

Ableitung der eigenen Auffassung   56

Fünftes Kapitel

Zusammenfassung der Ergebnisse der Arbeit

Schrifttumsverzeichnis

Verzeichnis der angeführten Gerichtsentscheidungen

Abkürzungsverzeichnis

Abs.	=	Absatz
AcP	=	Archiv für die civilistische Praxis
a. F.	=	alte Fassung
Anm.	=	Anmerkung
AO	=	Reichsabgabenordnung
Art.	=	Artikel
Aufl.	=	Auflage
BB	=	Der Betriebs-Berater
Bd.	=	Band; Amtliche Sammlung, Band
BewDV	=	Durchführungsverordnung zum Bewertungsgesetz
BewG	=	Bewertungsgesetz
BFH	=	Bundesfinanzhof
BStBl	=	Bundessteuerblatt
BVerfG	=	Bundesverfassungsgericht
BVerfGE	=	Entscheidungen des Bundesverfassungsgerichts, Band
DB	=	Der Betrieb
ders.	=	derselbe
Diss.	=	Dissertation
DStR	=	Deutsches Steuerrecht
DStZ A	=	Deutsche Steuerzeitung, Ausgabe A
EFG	=	Entscheidungen der Finanzgerichte
ErgStG	=	Preußisches Ergänzungsteuergesetz
EStG	=	Einkommensteuergesetz
FG	=	Finanzgericht
FinMin	=	Finanzministerium
Fn.	=	Fußnote
FR	=	Finanz-Rundschau
GG	=	Grundgesetz
HFR	=	Höchstrichterliche Finanzrechtsprechung
IFuSt	=	Institut Finanzen und Steuern
Inf A	=	Die Information über Steuer und Wirtschaft, Ausgabe A

i. V. m.	=	in Verbindung mit
KStG	=	Körperschaftsteuergesetz
LS	=	Leitsatz
OFD	=	Oberfinanzdirektion
o. a.	=	oben angegeben
OFH	=	Oberster Finanzhof
OVG	=	Preußisches Oberverwaltungsgericht
OVGSt	=	Entscheidungen des Preußischen Oberverwaltungsgerichts in Steuersachen, Band
RAO	=	Reichsabgabenordnung
RBewG	=	Reichsbewertungsgesetz
RFH	=	Reichsfinanzhof
RG	=	Reichsgericht
RGBl	=	Reichsgesetzblatt
RGZ	=	Entscheidungen des Reichsgerichts in Zivilsachen, Band
RStBl	=	Reichssteuerblatt
sc., scil.	=	scilicet (= nämlich)
StAnpG	=	Steueranpassungsgesetz
StbJb	=	Steuerberater-Jahrbuch
StBp	=	Die steuerliche Betriebsprüfung
StEK	=	Steuererlasse in Karteiform
StuW	=	Steuer und Wirtschaft
VJStFR	=	Vierteljahresschrift für Steuer- und Finanzrecht
VStG	=	Vermögensteuergesetz

Erstes Kapitel

Rechtfertigung der Untersuchung: methodischer Plan

1. Theorie und Praxis der Unternehmensbewertung nach dem Bewertungsgesetz haben sich immer wieder in besonderem Maße mit zwei zentralen Fragen des Bewertungsrechts befaßt: mit der Bewertung von immateriellen Wirtschaftsgütern, insbesondere der Bewertung des Geschäftswerts, und mit der Frage, ob auch Rückstellungen nach dem Bewertungsgesetz zu berücksichtigen seien.

Studiert man Literatur und Rechtsprechung, so ersieht man, daß die Diskussion sich entweder vordergründig am Gesetzeswortlaut orientiert oder daß man sich schlagwortartig auf einen Grundsatz der Gesamtbewertung oder einen Grundsatz der Einzelbewertung beruft. Das Bemühen um eine teleologisch-systematische Auslegung tritt jedenfalls zurück. Diejenigen, die sich auf den Grundsatz der Gesamtbewertung oder den Grundsatz der Einzelbewertung berufen, sind den Nachweis schuldig geblieben, daß es sich hierbei um inhaltliche und nicht bloß technische Prinzipien des Bewertungsrechts handelt.

Offenbar haben die bisher gefundenen Lösungen nicht befriedigt; sonst würde die Diskussion wohl nicht immer wieder neu aufgenommen werden.

2. Es ist heute allgemein anerkannt, daß die Auslegung von Rechtsvorschriften eine teleologische sein muß. § 1 Abs. 2 StAnpG ordnet ausdrücklich die Berücksichtigung des Gesetzeszwecks an. Mit dem aus § 4 AO 1919 hervorgegangenen § 1 Abs. 2 StAnpG wollte der Steuergesetzgeber sich gegen die Begriffsjurisprudenz und für eine teleologische Auslegung entscheiden[1].

Der Zweck, um den es der teleologischen Auslegung geht, ist identisch mit dem systematischen oder systemtragenden Prinzip oder — was das gleiche meint — der Wertung, der ratio, der Leitidee, der Motivation, der Sachgesetzlichkeit, dem Plan, der einem Gesetz und seinen einzelnen Tatbeständen zugrundeliegt. Die teleologische Auslegung ist danach eine Auslegung, die sich am inneren System orientiert, sie ist insofern eine systematisch-teleologische Auslegung.

---

[1] *Enno Becker* (RAO) § 4 Anm. 5; *Cordes* S. 50; *Tipke* (Steuerrecht) S. 75.

Man nennt einen Rechtsstoff systematisch, wenn er auf Grund bestimmter Prinzipien so geordnet ist, daß die Gesamtregelung eine Einheit ist, frei von Lücken, Überschneidungen oder Widersprüchen. Das Gerippe, das dafür sorgt, daß der Gesamtrechtsstoff einheitlich geordnet ist, besteht aus den systemtragenden Prinzipien oder Wertungen; sie sind die Träger der als inneres System bezeichneten Wertordnung. Innerhalb der Systempyramide gibt es vor- und nachrangige Prinzipien oder — mit anderen Worten — Fundamental-, Primär-, Sekundärprinzipien etc. Für die Realisierung der Prinzipien sorgen die Gesetzestatbestände mit ihren Begriffen (Realisierung der Wertordnung durch Normativierung). In der Regel ist das Prinzip, das einer Norm als Telos zugrunde liegt, nicht selbst — etwa in einer allgemeinen Norm — normativiert. Es liegt vielmehr der gesetzlichen Regelung als Telos oder Zweckgedanke, als bloß normkonspirierend zugrunde.

Unsystematisch im Sinne des juristischen Systemdenkens ist das, was — gemessen am systemtragenden Prinzip — nicht folgerichtig oder konsequent zu Ende gedacht ist (sogenannter Systembruch). Unsystematisch ist eine Regelung aber nicht bereits deshalb, weil sie „anders als betriebswirtschaftlich sinnvoll" ist[2].

Es ist das Verdienst von Canaris, diese systematische Konzeption klar herausgearbeitet zu haben[3]. Tipke hat das Systemdenken in den letzten Jahren im Steuerrecht — das noch weit davon entfernt ist, ein ideales System genannt werden zu können — besonders fruchtbar gemacht[4] und die Bedeutung des inneren Systems für die Auslegung wie folgt formuliert[5]:

„Insbesondere verhilft das innere System mit seinen Prinzipien dazu, die teleologischen Orientierungsmaßstäbe zu gewinnen, die für die Gesetzesauslegung erforderlich sind; denn das innere System ist eine teleologische Prinzipienordnung. Im Wege (und in den Grenzen; Grenze: möglicher Wortsinn) der Auslegung ist der im System wurzelnde Wertgedanke zur Geltung zu bringen. Auslegung als Ermittlung des Sinns einer Norm ist die Ermittlung des wertungsmäßigen Gehalts der Norm. Erst bei Berücksichtigung der Grund- und Einzelwertungen erschließt sich der teleologische Gehalt von

---

[2] Anderer Ansicht wohl *Lausberg*, DB 1972, 2176.

[3] a.a.O. S. 18, 46, 107, 116, 155; vgl. auch schon RG vom 2. 2. 1889, RGZ Bd. 24, 45, *50:* „Es ist vielmehr Sache der Jurisprudenz und vor allem Pflicht der (...) Judikatur, die nicht in einer allgemeinen Norm konzentriert in dem Gesetz angesprochenen Grundprinzipien des Gesetzes zutage zu fördern und auf die im Leben hervortretenden, im Gesetz nicht besonders hervorgehobenen, unter das betreffende Prinzip fallenden Fälle anzuwenden." Das Urteil differenziert freilich — für das Zivilrecht — nicht zwischen Auslegung und Analogie.

[4] StuW 1971, 5 ff.; ders. (Steuerrechtswissenschaft) S. 213 f.; ders. (Steuerprivilegien) S. 19 ff.; ders. BB 1973, 158; ders. (Steuerrecht) S. 13 ff., 77.

[5] Ebd. (Steuerrecht) S. 17.

Rechtsvorschriften. Eine Auslegung, die das innere System nicht berücksichtigt, entartet leicht zum methodischen Vagabundieren (Gefühlsjurisprudenz, im Steuerrecht oft unter dem Deckmantel sogenannter „wirtschaftlicher Betrachtungsweise") oder erweist sich als blinde Begriffsjurisprudenz."

Überdies verhelfen die systemtragenden Prinzipien dazu, die Gesetzeslücken und Verstöße gegen den Gleichheitssatz aufzudecken[6].

Diese Arbeit nun will die einschlägige systematische Konzeption, das systemtragende Prinzip des Bewertungsgesetzes aufdecken und für das Gebiet des Bewertungsrechts verifizieren, daß das Systemdenken auch in diesem Bereich geeignet ist, die Diskussion zur Bewertung immaterieller Güter und zur Erfassung von Rückstellungen aus der Sackgasse herauszuführen und eine teleologisch befriedigende Lösung zu erarbeiten.

Es ist freilich durchweg nicht leicht, das systemtragende oder normkonzipierende Prinzip sicher aufzudecken. Das Studium der Gesetzesbegründung oder der Begründung des Regierungsentwurfs, der Parlamentsausschußberichte oder der Sitzungsprotokolle hilft oft nicht weiter. Dann gilt es im Wege der Induktion das Prinzip aus dem positiven Recht zu gewinnen. Auch das äußere System, die äußere Anordnung des Stoffs in den Gesetzen und im einzelnen Gesetz, kann aufschlußreich sein; es ist aber nur ein Indiz[7]. Unzulässig ist es jedenfalls, systemtragende Prinzipien, die sich durch nichts verifizieren lassen, der Auslegung apodiktisch zu unterlegen[8].

Theoretisch ließe es sich wohl rechtfertigen, unbekümmert um Rechtsprechung und Literatur zunächst das systemtragende, teleologische Prinzip zu eruieren und die Schlüsse daraus zu ziehen und erst im Anschluß daran darzustellen, ob und inwieweit Rechtsprechung und Literatur im Ergebnis oder in der Begründung in die Irre gegangen sind. Dem Verfasser ist es aber doch zweckmäßiger erschienen, Rechtsprechung und Literatur zunächst einmal ohne eine Bewertung darzustellen. Im Anschluß daran soll dann die herrschende Meinung — noch ohne Bezugnahme auf die systematische Konzeption des Bewertungsgesetzes — auf ihre Folgerichtigkeit untersucht werden. Wenn sich zeigen ließe, daß die herrschende Meinung schon in sich widersprüchlich wäre, daß die vorgetragenen Begründungen die gefundenen Ergeb-

---

[6] Dazu *Tipke* (Steuerrecht) S. 17, 34.

[7] Zu eng daher *Bergmann*, DB 1972, 2367, der die Besteuerungsvorschriften nur als Bestandteil eines formalen Systems ansieht.

[8] So meint *Lausberg*, DB 1972, 2176, das Prinzip der Besteuerung nach der Leistungsfähigkeit sei unsystematisch, weil es die wettbewerbliche Situation des Unternehmers beeinflusse und damit dem (steuerrechtlichen?) Ziel des gesamtwirtschaftlichen Optimums entgegenwirke. Jedoch läßt sich ein Ziel oder Prinzip des gesamtwirtschaftlichen Optimums nicht wirklich verifizieren.

nisse nicht tragen könnten, wäre dies ein weiterer Beweis dafür, daß die hier angeschnittenen Fragen ohne Aufdeckung der systemtragenden Prinzipien nicht befriedigend beantwortet werden können.

Zum besseren Verständnis von Rechtsprechung und Literatur werden zunächst die gesetzlichen Grundlagen der Bewertung dargestellt.

Zweites Kapitel

Grundlegung

A. Einschlägige gesetzliche Grundlagen

Die Vorschriften über die Bewertung des Betriebsvermögens finden sich im Ersten Abschnitt des Zweiten Teils des Bewertungsgesetzes (Besondere Vorschriften) in der Fassung vom 10. 12. 1965 (BewG)[1]. Gemäß §§ 1 Abs. 2, 17 Abs. 3 BewG finden auch die Vorschriften des Ersten Teils (Allgemeine Vorschriften) bei der Bewertung Anwendung, soweit sich aus dem Zweiten Teil des BewG nichts anderes ergibt.

Zum Betriebsvermögen gehören nach § 95 Abs. 1 BewG alle Teile einer wirtschaftlichen Einheit, die dem Betrieb eines Gewerbes als Hauptzweck dient, soweit die Wirtschaftsgüter dem Betriebsinhaber gehören.

Nach § 2 Abs. 1 BewG ist der Wert einer wirtschaftlichen Einheit im ganzen festzustellen. Dies gilt gemäß § 2 Abs. 3 des BewG nicht, soweit eine Bewertung der einzelnen Wirtschaftsgüter vorgeschrieben ist.

§ 109 BewG regelt die Bewertung der zu einem gewerblichen Betrieb gehörenden Wirtschaftsgüter. Diese Vorschrift lautet:

„(1) Die zu einem gewerblichen Betrieb gehörigen Wirtschaftsgüter sind vorbehaltlich der Absätze 2 und 3 in der Regel mit dem Teilwert (§ 10) anzusetzen.

(2) Für die Bewertung der Betriebsgrundstücke gilt § 99 Abs. 3. Für die Bewertung der Mineralgewinnungsrechte gilt § 100.

(3) Für die Bewertung von Wertpapieren, Anteilen und Genußscheinen an Kapitalgesellschaften gilt § 113.

(4) Der Gesamtwert des gewerblichen Betriebes ist die Summe der Werte, die sich nach den Absätzen 1 bis 3 für die einzelnen Wirtschaftsgüter ergeben, vermindert um die Schulden und Rücklagen (§ 103) des Betriebes. Bei der Ermittlung des Gesamtwerts sind die Betriebsgrundstücke (§ 99) und die Mineralgewinnungsrechte (§ 100) mit den für sie festgestellten Einheitswerten anzusetzen. § 115 ist entsprechend anzuwenden."

Der in § 109 Abs. 1 genannte Teilwert ist in § 10 BewG wie folgt definiert:

---

[1] Im folgenden ist stets diese Fassung des BewG gemeint, soweit nichts anderes vermerkt ist.

„Wirtschaftsgüter, die einem Unternehmen dienen, sind in der Regel mit dem Teilwert anzusetzen. Teilwert ist der Betrag, den ein Erwerber des ganzen Unternehmens im Rahmen des Gesamtkaufpreises für das einzelne Wirtschaftsgut ansetzen würde. Dabei ist davon auszugehen, daß der Erwerber das Unternehmen fortführt."

Die Behandlung von Rückstellungen ist im BewG nicht ausdrücklich geregelt. In § 103 Abs. 1 BewG ist lediglich bestimmt, daß bei der Ermittlung des Einheitswerts des gewerblichen Betriebs vom Rohvermögen die mit dem gewerblichen Betrieb im Zusammenhang stehenden Schulden abzuziehen sind.

Vorschriften über die Behandlung bedingter Schulden finden sich im Zweiten Teil des BewG in § 103 Abs. 2 und in § 104. Nach § 103 Abs. 2 BewG sind versicherungstechnische Rücklagen, nach § 104 BewG sind Pensionsverpflichtungen bei der Ermittlung des Einheitswerts eines gewerblichen Betriebs abzuziehen. Im übrigen ist die Behandlung bedingter Schulden oder Lasten im Zweiten Teil des BewG nicht explizit geregelt.

Einschlägige Bestimmungen enthalten jedoch die §§ 4 bis 8 BewG, die als Normen des Ersten Teils gemäß §§ 1 Abs. 2, 17 Abs. 3 BewG nur subsidiär gelten. Nach § 6 Abs. 1 BewG werden Lasten, deren Entstehung vom Eintritt einer aufschiebenden Bedingung abhängt, nicht berücksichtigt. Gleiches gilt gemäß § 4 BewG für aufschiebend bedingte Wirtschaftsgüter. Hingegen werden auflösend bedingte Lasten und Wirtschaftsgüter gemäß §§ 5, 7 BewG wie unbedingt entstandene behandelt.

Die angeführten Bestimmungen sind inhaltlich unbestimmt. Nach § 109 Abs. 1 BewG gilt der Teilwert als Bewertungsmaßstab nur in der Regel und nur für Wirtschaftsgüter. Nach §§ 1 Abs. 2, 17 Abs. 3 BewG gelten die Allgemeinen Vorschriften nur, soweit sie nicht durch die Besonderen Bewertungsvorschriften ausgeschlossen sind. Nach § 2 Abs. 3 BewG ist der Wert einer wirtschaftlichen Einheit nur insoweit im ganzen festzustellen, als nicht eine Bewertung der einzelnen Wirtschaftsgüter vorgeschrieben ist.

Problematisch und daher auch immer wieder Gegenstand von Auseinandersetzungen ist die Frage gewesen, welche Wirtschaftsgüter nach dem Teilwert zu bewerten sind, ob Schulden bzw. Rückstellungen auch Wirtschaftsgüter sind, welche Normen der Allgemeinen Bewertungsvorschriften durch die Besonderen Bewertungsvorschriften ausgeschlossen werden und ob bei der Bewertung des Betriebsvermögens eine Bewertung der einzelnen Wirtschaftsgüter oder eine Gesamtbewertung vorgeschrieben ist. Insbesondere der letzte Punkt, die Frage der Gesamtbewertung, hat Rechtsprechung und Literatur seit Jahrzehnten beschäftigt.

B. Die gesetzlichen Grundlagen der Bewertungsmethoden im Verständnis von Rechtsprechung und Literatur; insbesondere zur Einzel- oder Gesamtbewertung

I. Rechtsprechung

Die Rechtsprechung hat stets zwischen zwei Methoden unterschieden, wie das Betriebsvermögen bewertet werden könnte: durch Gesamtbewertung oder durch Einzelbewertung. Bei der Gesamtbewertung wird der Wert der wirtschaftlichen Einheit im ganzen festgestellt, entweder durch Ableitung aus Verkäufen oder aus den Erträgen oder auch durch Bewertung einzelner Wirtschaftsgüter, wobei dann die Werte der einzelnen Wirtschaftsgüter nur Bewertungs- oder Rechnungsfaktoren sind. Einzelbewertung bedeutet demgegenüber, daß die Wirtschaftsgüter einzeln bewertet werden und als Gesamtwert die Summe der einzelnen Werte angesetzt wird[2].

Der RFH ging in ständiger Rechtsprechung davon aus, daß der Wert des gewerblichen Betriebsvermögens nicht im Wege der Gesamtbewertung, sondern durch Einzelbewertung ermittelt werden müsse[3]. Bereits in der Entscheidung vom 28. 9. 1925[4], die zur Vermögensteuer für 1924 erging, meinte der RFH, daß die Einzelbewertung und die Gesamtbewertung begrifflich im Gegensatz stünden und daß die II. Steuernotverordnung, wenn sie von der Einzelbewertung ausgehe, eben die Gesamtbewertung grundsätzlich ausschalte[5]. Die gleiche Auffassung vertrat der RFH im Urteil vom 28. 2. 1930[6] auch zum RBewG 1925, und zwar mit folgender Begründung:

„Wenn der Vorbescheid dann aber weiter wiederholt ausführt, daß das Reichsbewertungsgesetz die Gesamtbewertung beibehalten, sie nur in eine besondere Form gegossen habe, so vermag der jetzt erkennende Senat dem nicht zu folgen. Nach seiner Auffassung hat das RBewG mit dem Grundsatz der Gesamtbewertung gebrochen und in § 31 Abs. 2 des RBewG lediglich vorgeschrieben, daß dem Gesichtspunkt der Gesamtbewertung bei der Ermittlung des gemeinen Wertes gewisser — nicht aller (§ 31 Abs. 3 und 4) — einzelner Gegenstände in bestimmter Weise Rechnung zu tragen ist.“

Darüber, wie der Gesichtspunkt der Gesamtbewertung zu berücksichtigen sei, ließ sich der RFH im Urteil vom 23. 9. 1937[7] aus:

„Dem Gesichtspunkt der Gesamtbewertung ist bei der Ermittlung des gemeinen Werts der einzelnen Gegenstände in der Weise Rechnung zu tra-

---

[2] Vgl. BFH vom 12. 7. 1968, BStBl II 1968, 794, *795; Klaus Becker* S. 53; *Weyer* S. 22.

[3] RFH vom 28. 2. 1930, RStBl 1930, 287, *288;* vom 23. 9. 1937, RStBl 1938, 57.

[4] Bd. 17, 265, *272.*

[5] So auch RFH vom 13. 4. 1926 Bd. 19, 51, *52.*

[6] RStBl 1930, 287, *288.*

[7] RStBl 1938, 57.

gen, daß diese mit dem Wert angesetzt werden, den sie unter der Voraussetzung der Fortführung des Betriebes für den Betrieb haben ... Der hiernach maßgebende Wert, der Teilwert, ist nach der Rechtsprechung des RFH der Betrag, den ein Erwerber des gesamten Unternehmens im Rahmen des Gesamtkaufpreises für die einzelnen Gegenstände zahlen würde, wobei davon auszugehen ist, daß er das Unternehmen fortführt (vgl. auch § 12 RBewG 1934). Da somit die Summe der Einzelwerte regelmäßig den Gesamtwert des Unternehmens ergeben wird, darf nicht außerdem nochmals eine Gesamtabschreibung vorgenommen werden."

Auch der BFH hat in ständiger Rechtsprechung die Auffassung vertreten, daß für die Bewertung des Betriebsvermögens im Rahmen der Einheitsbewertung nicht der Grundsatz der Gesamtbewertung gelte, sondern eine Einzelbewertung durchgeführt werden müsse[8]. Dieser Grundsatz gilt nach Meinung des BFH nicht nur für positive Wirtschaftsgüter, sondern auch für Schulden[9]. Insbesondere im Urteil vom 12. 7. 1968[10] legt der BFH dar, daß aus der Formulierung des § 66 Abs. 4 BewG 1935 (= § 109 Abs. 4 BewG 1965), wonach der Gesamtwert des gewerblichen Betriebs als Summe der nach § 66 Abs. 1 bis 3 BewG 1935 (= § 109 Abs. 1 bis 3 BewG 1965) ermittelten Werte, vermindert um die Schulden und Rücklagen, errechnet wird, nicht der Grundsatz der Gesamtbewertung folge. Vielmehr ergebe sich daraus, daß der Gesamtwert des gewerblichen Betriebes durch Addition der Teilwerte als Einzelwerte zu ermitteln sei. Dies entspreche auch der historischen Entwicklung. § 66 Abs. 4 BewG 1935 sei damit eine Ausnahmevorschrift im Sinne des § 2 Abs. 3 BewG, so daß die wirtschaftliche Einheit des Betriebsvermögens nicht gemäß § 2 Abs. 1 BewG im ganzen zu ermitteln sei.

Zur Frage, welche Wirtschaftsgüter mit dem Teilwert zu bewerten sind, ist die Rechtsprechung nicht ganz einheitlich. Im Urteil vom 26. 8. 1955[11] folgert der BFH aus § 66 Abs. 1 BewG 1935 (Bewertungen in der Regel zum Teilwert), daß die Bewertung zum Teilwert für Kapitalforderungen und Schulden nicht gelte, diese daher mit dem gemeinen Wert anzusetzen seien. Auf der gleichen Linie liegt das Urteil vom 30. 3. 1962[12], in dem der BFH ausführt, daß der Ansatz des Teilwerts bei solchen Wirtschaftsgütern nicht sinnvoll sei, die, wie Geld, Bankguthaben und sonstige Geldforderungen, den gleichen Wert besitzen, gleich-

---

[8] Vgl. BFH vom 25. 10. 1951, BStBl III 1952, 37; vom 26. 7. 1957, BStBl III 1957, 314, *320;* vom 8. 1. 1960, BStBl III 1960, 83, *85;* vom 19. 2. 1965, BStBl III 1965, 248, *249;* vom 12. 7. 1968, BStBl II 1968, 794, *796;* vom 2. 5. 1969, BStBl II 1969, 700; vom 2. 3. 1973, BStBl II 1973, 475.

[9] BFH vom 26. 7. 1957, BStBl III 1957, 314, *319;* vom 8. 1. 1960, BStBl III 1960, 83, *85;* vom 12. 7. 1968, BStBl II 1968, 794, *796.*

[10] BStBl II 1968, 794, *795* f.

[11] BStBl III 1955, 278, *279.*

[12] BStBl III 1962, 232.

viel, ob sie zu einem Betriebsvermögen gehören oder nicht. Dagegen meint der BFH im Urteil vom 19. 2. 1965[13] lapidar:

„Abgesehen von den in § 66 Abs. 2 und 3 BewG enthaltenen Ausnahmen, sind die zu einem gewerblichen Betrieb gehörigen Wirtschaftsgüter mit dem Teilwert anzusetzen."

Im Urteil vom 10. 5. 1972[14] bekennt sich der BFH dann zu einer grundsätzlichen Geltung des Teilwerts. Auch Geldforderungen und Geldschulden sollen danach mit dem Teilwert zu bewerten sein, wenngleich sich nach Meinung des Gerichts bei derartigen Wirtschaftsgütern der Nennwert und der Teilwert grundsätzlich decken.

II. Literatur

Dem Standpunkt der Rechtsprechung, daß sowohl für die Bewertung der positiven Wirtschaftsgüter als auch der Schulden der Grundsatz der Einzelbewertung gelte, folgt überwiegend auch das Schrifttum[15].

Eine abweichende Meinung wird freilich seit fast 25 Jahren durch Gübbels vertreten[16]. Bis etwa 1960 war er der Auffassung, daß nur für die Bewertung der positiven Wirtschaftsgüter der Grundsatz der Einzelbewertung gelte, daß sich hingegen aus der Fassung des § 66 Abs. 4 BewG (1935) für die Bewertung der Schulden der Grundsatz der Gesamtbewertung ergebe[17]. In § 66 Abs. 4 BewG sei der Begriff „Wirtschaftsgut" im Gegensatz zum Begriff „Schulden" gebraucht und es sei von der Summe der Werte der Wirtschaftsgüter der Gesamtwert der Schulden abzuziehen. Dem tritt Laule[18] mit dem Hinweis entgegen, daß Gesamtwert nicht Gesamtbewertung bedeute. Auch Klaus Becker[19] widerspricht dem mit dem Hinweis, daß die Summe der Schulden keine wirtschaftliche Einheit sein könne, und schon deshalb eine Gesamtbewertung für die Schulden nicht in Betracht komme.

---

[13] BStBl III 1965, 248, *249.*

[14] BStBl II 1972, 688, *690.*

[15] *Enno Becker* (RAO) § 137 Anm. 16; ders. StuW 1926, 14; *Klaus Becker* S. 56, 93; *Beuck* (Bewertungsgrundsätze) S. 99; *Erler* § 50 Anm. 2 a; *Flämig,* Steuer-Kongreß-Report 1968, 309 ff.; *Friedlaender* StuW 1963, 350; ders. StuW 1952, 409; *Groh* FR 1973, 282; *Gürsching* DStZ A 1951, 364; *Gürsching / Stenger* § 2 Anm. 45; *Haider / Engel / Dürschke* § 2 Anm. 5 c; *Jüngling* StuW 1947, 677; *Laule* FR 1966, 523; *Littmann / Förger* S. 234; *Lion* VJStFR 1927, 553, 555 f.; *Müller* S. 45; *Rössler / Troll* § 2 Anm. 24, § 109 Anm. 1; *Steinhardt* § 109 Anm. 8; *Strutz* (RBewG) S. 180; *Weyer* S. 36.

[16] Vgl. FR 1951, 84 f.; FR 1952, 8; FR 1958, 36; BB 1959, 521; FR 1960, 283 f.; BB 1960, 478; StbJb 1960/61, 336 ff.; FR 1965, 293 f.; FR 1965, 321; FR 1967, 27 f.; FR 1967, 249; FR 1969, 33 f.

[17] FR 1951, 84 f.; FR 1952, 8; FR 1958, 36; BB 1959, 521; FR 1960, 283 f.

[18] FR 1966, 523.

[19] S. 39.

Der Auffassung von Gübbels haben sich Tilemann[20], Ruckteschell-Weisse[21] und Felix[22] angeschlossen. Felix begründet seine Meinung zusätzlich mit dem Hinweis auf den Sinn derjenigen Steuern, für die der Einheitswert die Grundlage abgibt, und insbesondere mit dem Wesen der Vermögensteuer, ohne dazu indessen weitere Ausführungen zu machen.

Seit etwa 1960 vertritt Gübbels jedoch eine andere Auffassung[23]. Danach gilt der Grundsatz der Gesamtbewertung sowohl für die aktiven Wirtschaftsgüter als auch für die Schulden. Gübbels folgert dies aus dem Teilwertprinzip. Aus dem Teilwertprinzip ergebe sich, daß die Wirtschaftsgüter nicht einzeln, sondern als Teil der wirtschaftlichen Einheit zu erfassen seien. Dies sei eine Gesamtbewertung i. S. des § 2 Abs. 1 BewG[24].

Dem tritt Weyer[25] mit dem Hinweis entgegen, auch bei einer Bewertung unter Berücksichtigung des Ganzen sei Bewertungsgegenstand immer noch das einzelne Wirtschaftsgut, folglich doch eine Einzelbewertung vorgeschrieben[26].

Der BFH hat sich im Urteil vom 12. 7. 1968[27] mit der These von Gübbels auseinandergesetzt und festgestellt, daß Gübbels zwar richtig dargelegt habe, wie die einzelnen Wirtschaftsgüter des Betriebsvermögens zu bewerten seien, jedoch werde diese Methode, die Gübbels als Gesamtbewertungsmethode bezeichne, vom BFH und der herrschenden Meinung als Methode der Einzelbewertung bezeichnet, so daß sich Gübbels von der herrschenden Meinung nur im Terminologischen unterscheide.

Ähnlich wie Gübbels hatte bereits Veiel[28] argumentiert. Da der Teilwert ein Teil des Gesamtwerts des Unternehmens sei, zur Feststellung des Teilwerts somit der Gesamtwert ermittelt werden müsse, der dann auf die einzelnen Wirtschaftsgüter zu verteilen sei, habe das BewG eine beschränkte Gesamtbewertung vorgeschrieben.

Dieser Auffassung folgen auch Lohnert[29] und Steinberg[30]. Auch sie bejahen für Aktiva und Passiva des Betriebsvermögens den Grundsatz

---

[20] BB 1958, 56.

[21] S. 44 f.

[22] DStR 1962/63, 278.

[23] BB 1960, 478, StbJb 1960/61, 336 ff.; FR 1965, 293 ff.; FR 1965, 321; FR 1967, 27; FR 1967, 249; FR 1969, 33.

[24] Vgl. insbesondere FR 1969, 33 f.

[25] FR 1967, 337.

[26] Ähnlich auch *Littmann / Förger*, S. 235 ff.; *Laule* FR 1966, 523.

[27] BStBl II 1968, 794, *796*.

[28] StuW 1941, 41 f.

der Gesamtbewertung. Lohnert[31] begründet dies darüber hinaus damit, daß nach herrschender Meinung für die Bewertung nicht notierter Anteile von Kapitalgesellschaften die Gesamtbewertung vorgeschrieben sei. Da aber der Gang der Bewertung bei der Einheitsbewertung des Betriebsvermögens und bei der Anteilsbewertung gleich sei, müsse der Grundsatz der Gesamtbewertung schon aus Gründen der Gleichmäßigkeit der Besteuerung auch für die Einheitsbewertung des Betriebsvermögens gelten.

---

[29] BB 1969, 793.
[30] StBp 1967, 124.
[31] BB 1969, 793.

Drittes Kapitel

Die Bewertung von immateriellen Werten und von Rückstellungen insbesondere nach der herrschenden Meinung

Daß die Frage, ob das Betriebsvermögen nach dem Prinzip der Einzelbewertung oder der Gesamtbewertung zu bewerten sei, eine solch lebhafte Diskussion in Literatur und Rechtsprechung ausgelöst hat, mag im Hinblick darauf verwundern, daß diese beiden Begriffe — von dem mehr beiläufig erscheinenden Hinweis in § 2 Abs. 1 Satz 2 BewG abgesehen — sich im Gesetz gar nicht finden. Die Kontroverse erklärt sich daraus, daß die Frage der Bewertung immaterieller Werte und der Rückstellungen, insbesondere, soweit sie aufschiebend bedingt sind, seit jeher mit diesem methodischen Ansatz verknüpft wurde. Im folgenden wird die Entwicklung der herrschenden Meinung zu diesen Bewertungsproblemen nachgezeichnet werden.

A. Immaterielle Werte

Die Grundsätze, die die herrschende Meinung in der Frage der Bewertung immaterieller Werte anwendet, wurden im wesentlichen zur Bewertung des sogenannten Geschäftswerts als des praktisch relevantesten immateriellen Werts entwickelt.

I. Geschäftswert

Bevor die Auffassungen zur Bewertung dieses immateriellen Gutes dargestellt werden, ist es zweckmäßig, Klarheit darüber zu gewinnen, was mit dem Begriff Geschäftswert gemeint ist.

1. Begriffsbestimmung

Der Geschäftswert wurde im Urteil des BFH vom 19. 2. 1965[1] wie folgt definiert:

> „Der Geschäftswert ist ein von den persönlichen Eigenschaften des Unternehmers losgelöster, dem Unternehmen als solchem innewohnender, im Geschäftsleben als Wirtschaftsgut anerkannter Wert, der mit dem Unternehmen veräußerlich und übertragbar ist."

---

[1] BStBl III 1965, 248, 249.

Er setzt sich aus einer Reihe von Einzelfaktoren, wie Ruf der Firma, Kundenstamm, Betriebsorganisation, besonderes geschäftliches Know-how, Monopolstellungen usw.[2] zusammen. Anstelle des Begriffs Geschäftswert wird eine Fülle anderer Begriffe gebraucht, so z. B. Firmenwert, Unternehmensmehrwert, Faconwert, Kundschaftswert, Kapitalisierungsmehrwert, goodwill, Going Concern u. a.[3]. Im folgenden soll nur noch der Begriff Geschäftswert gebraucht werden, nicht nur, weil dieser Begriff im Gesetz genannt ist[4], sondern auch deshalb, weil die anderen Begriffe durchweg nur einzelne für den Geschäftswert wesentliche Aspekte berücksichtigen[5].

Unbestritten ist, daß sich der Geschäftswert durch den Betrag bestimmen läßt, um den der Wert des lebenden Geschäfts als Ganzes die Summe der einzelnen, besonders erfaßbaren Wirtschaftsgüter übersteigt[6].

Von dieser Begriffsbestimmung, die durchweg in Rechtsprechung und Schrifttum verwendet wird, soll im folgenden ausgegangen werden.

2. Rechtsprechung des RFH

Im Urteil vom 28. 2. 1930[7] hatte sich der RFH erstmals mit der Frage auseinanderzusetzen, unter welchen Voraussetzungen für den Bereich des Bewertungsgesetzes[8] immaterielle Wirtschaftsgüter, insbesondere Geschäftswerte, zu erfassen seien. Die Ausführungen in diesem Urteil sind bis heute grundlegend geblieben, so daß es angezeigt ist, das Urteil eingehend wiederzugeben.

Der RFH legt hier dar, daß es drei Möglichkeiten gebe, ein immaterielles Wirtschaftsgut, insbesondere den Geschäftswert, zu erfassen: entweder im Wege der Gesamtbewertung des Unternehmens[9] oder durch eine Höher- oder Minderbewertung der einzelnen Betriebsteile, indem bei ihnen der Geschäftswert als werterhöhende oder wertmindernde Eigenschaft berücksichtigt werde[10], oder schließlich dadurch, daß der Geschäftswert selbst als „einzelner Gegenstand", d. h. als Wirtschaftsgut, angesehen werde[11].

---

[2] Rössler / Troll § 109 Anm. 11.

[3] Klaus Becker S. 67; Noack S. 65.

[4] z. B. § 6 Abs. 1 Ziff. 2 EStG.

[5] Noack S. 66.

[6] Vgl. Klaus Becker S. 67; Engeleiter S. 30; Lion (Bilanzsteuerrecht) S. 45; ders. VJStFR 1927, 558; Noack S. 66.

[7] RStBl 1930, 287.

[8] Damals RBewG 1925.

[9] RStBl 1930, 288, linke Spalte.

[10] RStBl 1930, 288, rechte Spalte.

[11] RStBl 1930, 289.

Die beiden ersten Wege schließt der RFH aus. Als Wirtschaftsgut sieht er den Geschäftswert nur an, wenn er entgeltlich erworben bzw. durch Aufwendungen als Wirtschaftsgut anerkannt sei oder sich eine feste allgemeine Verkehrsauffassung darüber gebildet habe, daß der Geschäftswert als Wirtschaftsgut anzusehen sei, was z. B. bei den Apothekenkonzessionen der Fall sei[12].

Die Gesamtbewertung ist nach Meinung des RFH durch das RBewG mit Rücksicht auf das von diesem Gesetz angestrebte Ziel aufgegeben worden. Er führt dazu aus[13]:

> „Ziel des RBewG ist die einheitliche Bewertung des Vermögens und der einzelnen Vermögensarten für die Steuerzwecke des Reichs, der Länder und Gemeinden (Begründung Seite 21). Der nach dem Gesetz zu ermittelnde Einheitswert soll sowohl für die Reichsvermögensteuer als auch für alle nach dem Merkmal des Wertes erhobenen Steuern der Länder und Gemeinden für ein und denselben Gegenstand als ein einziger Wert gelten (Begründung Seite 25). Das System der Realsteuern der Länder und Gemeinden (Grund-, Gebäude-, Gewerbesteuer) setzt aber eine objektive Bewertung der von ihnen erfaßten Gegenstände voraus. Deshalb scheidet für diese Steuern jede unterschiedliche Behandlung nach der Richtung aus, daß ein Gegenstand einer Realsteuer, insbesondere ein landwirtschaftliches Gut, ein gewerbliches oder Wohngrundstück, anders zu bewerten wäre, wenn er zu einem gewerblichen Unternehmen gehört, als wenn dies nicht der Fall ist. Die Landesrealsteuern, insbesondere die Grund- und Gebäudesteuer, bewerten diese Gegenstände vielfach so, als wenn sie nicht zu einem Gesamtbetrieb gehörten. Soll der Einheitswert des RBewG für solche Gegenstände diesem Gesichtspunkt Rechnung tragen, so muß das Gesetz von vornherein auf den Gesichtspunkt der Gesamtbewertung der wirtschaftlichen Einheit verzichten."

Gegen das Prinzip der Gesamtbewertung spricht nach Meinung des RFH noch ein weiterer Grund[14]:

> „Damit verzichtet das RBewG bewußt und mit Absicht auf eine Gesamtbewertung als solche ... Es bringt dieses Opfer aber nicht nur im Interesse des Ziels, Einheitswerte für alle Steuerarten festzulegen, sondern weil eine befriedigende Gesamtbewertung praktisch nicht zu erreichen ist und mangels greifbarer Unterlagen zur Willkür führen würde."

Eine Erfassung des Geschäftswerts in der Weise, daß er auf die einzelnen Wirtschaftsgüter verteilt wird, scheitert nach Auffassung des Senats daran, daß der Teilwert dieser Wirtschaftsgüter seine Obergrenze in den Wiederbeschaffungskosten finde[15].

Dieser Grundsatz gelte anerkanntermaßen im Einkommensteuerrecht, das ebenfalls den Begriff des Teilwerts gebrauche. Da sich in den

---

12 RStBl 1930, 288 ff.
13 RStBl 1930, 288.
14 RStBl 1930, 288, rechte Spalte.
15 RStBl 1930, 289, linke Spalte.

Grundzügen § 19 Abs. 1 EStG und § 31 Abs. 2 RBewG deckten und beide Gesetze Bestandteile eines einheitlichen Gesetzgebungswerks seien, müsse der Begriff des Teilwerts für beide Rechtsgebiete inhaltlich gleich sein.

Den Geschäftswert schließlich als besonderes Wirtschaftsgut anzusetzen, sei nur begrenzt möglich. Regelmäßig lasse sich der Wert eines Geschäftswertes nur in der Weise feststellen, daß zunächst die einzelnen Gegenstände nach dem Prinzip der Einzelbewertung bewertet würden. Der Summe dieser Werte müsse dann der Betrag gegenübergestellt werden, der bei einer Veräußerung der Betriebseinheit zu erzielen sei. Die Differenz ergebe den Geschäftswert. Dies sei aber eine Bewertung „hinten herum", die der Gesetzgeber mit der Anordnung der Einzelbewertung wohl habe vermeiden wollen[16].

Die Gegenstandseigenschaft des Geschäftswertes, wie auch anderer immaterieller Wirtschaftsgüter, sei daher nur dann gegeben, wenn er (nach 1924)[17] entgeltlich erworben worden sei[18]:

„Haben die Beteiligten den Geschäftswert oder ein einzelnes immaterielles Wirtschaftsgut durch eine nach außen erkennbare Handlung selbst vergegenständlicht (konkretisiert), haben sie den goodwill, jenes unfaßbare Etwas, jenen Wertunterschied ... durch Hingabe eines Entgelts oder durch Aufwendungen, z. B. auf Erfindungen, als Wirtschaftsgüter anerkannt und besteht somit die Möglichkeit, bezüglich dieser Ausgaben für die Einkommensteuer in den Bilanzen einen angemessenen Gegenwert einzusetzen, so muß es als eine wirtschaftlich begründete Folge hingenommen werden, daß auch das Steuerrecht aus diesen Vorgängen die entsprechenden Schlüsse zieht."

Im übrigen ist nach Meinung des RFH eine Erfassung des Geschäftswerts oder anderer immaterieller Rechte als Wirtschaftsgut nur in Ausnahmefällen möglich, insbesondere nur dann, wenn sich eine entsprechende feste allgemeine Verkehrsauffassung gebildet habe oder diese Werte durch Aufwendungen als Wirtschaftsgüter anerkannt seien und somit bezüglich dieser Ausgaben für die Einkommensteuer die Möglichkeit bestehe, in den Bilanzen einen angemessenen Gegenwert einzusetzen. Dadurch werde eine gewisse Anpassung an die einkommensteuerliche Regelung auch insoweit erzielt, als im Falle einer späteren Veräußerung des Unternehmens im allgemeinen die zur Vermögensteuer herangezogenen immateriellen Güter von der Einkommen-

---

[16] RStBl 1930, 289, rechte Spalte.

[17] Die Einschränkung, daß nur Erwerbsvorgänge nach 1924 in Betracht kämen, begründet der Senat damit, daß der Währungsverfall es geboten erscheinen lasse, mit dem Zeitpunkt der Wiederbefestigung der Währung auch eine neue Wirtschaftsperiode zu beginnen; S. 290, rechte Spalte.

[18] RStBl 1930, 290, rechte Spalte.

steuer freiblieben, die bei der Vermögensteuer außer Ansatz gebliebenen dagegen der Einkommensteuer unterworfen würden[19].

Die Ungleichbehandlung, die sich daraus ergibt, daß praktisch nur der entgeltlich erworbene Geschäftswert erfaßt wird, der originäre Geschäftswert hingegen nicht, muß nach Auffassung des Senats hingenommen werden, weil es in erster Linie darauf ankomme, eine praktisch brauchbare Lösung schwieriger Fragen zu finden[20].

An dieser Auffassung, daß ein Geschäftswert bewertungsrechtlich nur dann zu erfassen sei, wenn er entgeltlich erworben sei, hielt der RFH in der Folge fest[21].

Im Urteil vom 25. 10. 1934[22] legte der RFH dar, daß das Urteil vom 28. 2. 1930[23] die Gegenstandseigenschaft des Geschäftswerts nur deshalb nicht unterschiedslos anerkannt habe, weil es unmöglich sei, ohne äußeren Anhalt einen Geschäftswert angemessen zu bewerten. Daher sei es geboten, einen Geschäftswert auch dann zu erfassen, wenn er durch eine Verpachtung als Wirtschaftsgut im Verkehrsleben vergegenständlicht sei. Auch ein originärer Geschäftswert wird danach zu einem Wirtschaftsgut, wenn ein Teil des Pachtzinses auf die Überlassung dieses Geschäftswerts entfällt. Die Aufwendungen des Pächters für den Geschäftswert liefern nach Meinung des Senats den Maßstab für die Bewertung des immateriellen Werts und beseitigen damit das Hindernis, das sonst der Behandlung des Geschäftswerts als Wirtschaftsgut entgegenstehe. In diesem Urteil machte der RFH allerdings noch keine Ausführungen darüber, wie in einem solchen Fall der Geschäftswert zu bewerten sei.

Den sich auf Grund der Urteilsbegründung aufdrängenden Schluß, daß nur die Pachtzahlungen, eventuell kapitalisiert, Maßstab für die Bewertung sein könnten — nur durch die Pachtzahlungen soll ja die Unmöglichkeit der Bewertung beseitigt worden sein —, hat der RFH im Urteil vom 29. 2. 1940[24] jedenfalls nicht gezogen. Obwohl er in diesem Urteil zunächst auch wieder ausführt, daß Anhalt für die Bewertung gerade die Pachtzahlungen seien, heißt es dann:

„Wenn festgestellt werden kann, daß die Verpächter von der Pächterin ein Entgelt für die Überlassung der Ausnutzung ihrer Monopolstellung erhält,

---

[19] RStBl 1930, 291.

[20] RStBl 1930, 290.

[21] RFH vom 10. 4. 1930, RStBl 1930, 298 rechte Spalte; vom 17. 7. 1930, RStBl 1931, 38, *39;* vom 16. 11. 1933, RStBl 1934, 37, *38;* vom 18. 6. 1942, RStBl 1942, 884.

[22] RStBl 1935, 25.

[23] RStBl 1930, 287 ff.

[24] RStBl 1940, 652, *653.*

dann ist hierdurch ein bewertungsfähiges Wirtschaftsgut entstanden. Dieses Wirtschaftsgut ist zu bewerten, und zwar mit dem gemeinen Wert. Es ist nicht ohne nähere Prüfung dem Kapitalwert der Gegenleistungen gleichzustellen, sondern wird durch den Preis bestimmt, der bei einer Veräußerung im gewöhnlichen Geschäftsverkehr zu erzielen wäre."

Im Urteil vom 29. 1. 1942[25] ging der RFH auf die Frage ein, unter welchen Voraussetzungen ein Geschäftswert durch besondere Aufwendungen entstehe: Nach diesem Urteil können laufende Werbungskosten nicht als Aufwendungen angesehen werden, durch die ein Geschäftswert zu einem Wirtschaftsgut werde.

In den Urteilen vom 19. 12. 1940[26] und 29. 10. 1942[27] befaßte der RFH sich mit dem Problem, inwieweit ein Geschäftswert konkretisiert werde, wenn nur ein Anteil des Betriebes oder der Gesellschaft veräußert werde. Er kam zu dem Ergebnis, daß ein Geschäftswert nur insoweit als Wirtschaftsgut in Erscheinung getreten sei, als er auf den veräußerten Anteil entfalle. Eine Erfassung des gesamten Geschäftswerts, etwa durch Hochrechnung, komme nicht in Betracht.

Ein Urteil vom 12. 5. 1942[28] beschäftigte sich mit der Frage, ob ein negativer Geschäftswert dann anzusetzen sei, wenn ein Mitunternehmeranteil zu einem Preis erworben werde, der unter dem gemeinen Wert der einzelnen Wirtschaftsgüter liege. Der RFH verneinte dies mit der Begründung, daß dadurch kein Schuldposten entstehe.

3. Rechtsprechung des BFH

Der BFH hatte erstmals im Urteil vom 27. 7. 1962[29] die Frage der Bewertung eines Geschäftswerts zu untersuchen. Der BFH übernahm in diesem Urteil die Grundsätze, die der RFH in dem oben beschriebenen Urteil vom 28. 2. 1930[30] aufgestellt hatte und führte dann aus[31]:

„Es bleiben somit folgende Grundlagen für einen Firmenwert:

1. Der entgeltliche Erwerb eines Geschäftswerts bei einer Geschäftsveräußerung; alsdann sind Vorhandensein und Umfang des Geschäftswerts in Erscheinung getreten und daher zu bewerten.

2. Aufwendungen, die der Inhaber des Betriebes für das immaterielle Wirtschaftsgut (Firmenwert) gemacht hat, und die in der Bilanz mit einem angemessenen Gegenwert angesetzt werden können."

---

[25] RStBl 1942, 499.
[26] RStBl 1941, 388, *389*.
[27] RStBl 1943, 69, *71*.
[28] RStBl 1942, 716.
[29] BStBl III 1962, 436.
[30] RStBl 1930, 287.
[31] BStBl III 1962, 436, *437*.

Anknüpfend an das RFH-Urteil vom 25. 10. 1934[32] legte der Senat in diesem Urteil weiter dar, daß nur die Unmöglichkeit, ohne äußeren Anhalt den Geschäftswert zu bewerten, seiner grundsätzlichen Erfassung entgegenstehe, so daß ein Ansatz des Geschäftswerts als Wirtschaftsgut stets dann möglich sei, wenn er als geldwerte Realität in Erscheinung getreten sei. Folglich sei der Geschäftswert auch dann als Wirtschaftsgut anzusehen, wenn er im Rahmen einer Verpachtung realisiert sei[33].

Auch in späteren Urteilen folgte der BFH stets den Grundsätzen, die der RFH in seinem Urteil vom 28. 2. 1930[34] aufgestellt hatte und sah einen entgeltlich erworbenen Geschäftswert als bewertbares Wirtschaftsgut an[35], wobei er es indessen für unerheblich hielt, ob der Geschäftswert vor oder nach dem 31. 12. 1923 erworben worden war[36].

Da der BFH auch bei der Auffassung verblieb, daß nur die Unmöglichkeit, ohne äußeren Anhalt den Geschäftswert angemessen zu bewerten, der unterschiedslosen „Gegenstandseigenschaft" des Geschäftswerts entgegenstehe[37], kam er stets zu dem Ergebnis, daß bei einer Verpachtung des Unternehmens ein Geschäftswert als Wirtschaftsgut entstehe, wenn ein Teil des Pachtzinses für diesen Geschäftswert gezahlt werde[38].

In einem Punkt wich der BFH jedoch ab: In dem Fall, der dem Urteil vom 19. 2. 1965[39] zugrunde lag, hatten die Beteiligten im Pachtvertrag keinen besonderen Wert angesetzt. Der BFH hielt es daher für geboten, den Geschäftswert nach dem durchschnittlichen Ertrag einer Reihe von Geschäftsjahren zu bewerten[40]. In gleicher Weise ging er im Urteil vom 28. 8. 1968[41] vor. Davon rückte der BFH dann durch Urteil vom 29. 4.

---

[32] RStBl 1935, 25.

[33] BStBl III 1962, 436, *437*.

[34] RStBl 1930, 287.

[35] BFH vom 12. 10. 1962, HFR 1963, 385; vom 30. 4. 1964, HFR 1964, 451, *452*; vom 6. 3. 1970, BStBl II 1970, 489, *490*; vom 26. 11. 1971, BStBl II 1972, 310.

[36] BFH vom 17. 5. 1966, BStBl III 1966, 481, *483*; vgl. auch BFH vom 5. 3. 1965, BStBl III 1965, 276, *278*.

[37] BFH vom 12. 10. 1962, HFR 1963, 385; vom 19. 2. 1965, BStBl III 1965, 248, *250*.

[38] BFH vom 26. 11. 1964, BStBl III 1965, 80, *82*; vom 19. 2. 1965, BStBl III 1965, 248, 250; vom 28. 8. 1968, BStBl II 1969, 2, *3*; vom 13. 2. 1970, BStBl II 1970, 369, *371*; vom 13. 2. 1970, BStBl II 1970, 373, *374*; vom 29. 4. 1970, BStBl II 1970, 726, *727*; vom 14. 10. 1970, BStBl II 1971, 28, *29*; vom 6. 8. 1971, BStBl II 1972, 163; vom 6. 8. 1971, BStBl II 1971, 677, *678*; vom 5. 10. 1971, BStBl II 1972, 62, *63*.

[39] BStBl III 1965, 248.

[40] BStBl III 1965, 248, *250*.

[41] BStBl II 1969, 2, 4.

1970[42] wieder ab. Nach diesem Urteil, das allerdings zur Gewerbesteuer ergangen ist, ist ein Geschäftswert durch die Pachtzahlungen nur dann konkretisiert, wenn auf diesen Geschäftswert ein klar abgrenzbarer Pachtzinsanteil entfällt, was der Senat im entschiedenen Fall verneinte[43].

Dieser Auffassung schloß sich der BFH im Urteil vom 6. 8. 1971[44] unter Aufgabe seiner früheren Rechtsprechung auch für das Bewertungsrecht an. Der Senat widersprach der Meinung, die Erfassung eines durch Verpachtung konkretisierten Geschäftswerts sei eine unzulässige Gesamtbewertung[45]. Indessen räumte er ein, daß es nicht überzeugend sei, den originären Geschäftswert nur deshalb nicht als Wirtschaftsgut zu behandeln, weil eine Bewertung dieses Geschäftswertes mangels allgemein anerkannter Schätzungsmethoden unmöglich sei[46]. Die Erfassung des Geschäftswertes vor seiner Konkretisierung sei aber deshalb ausgeschlossen, weil dann der Geschäftswert als Differenz zwischen dem Gesamtwert des Unternehmens und seinem Substanzwert ermittelt werden müsse. Eine solche Bewertung verstoße jedoch gegen den Grundsatz der Einzelbewertung. Dieser Grundsatz verbiete es, die Ertragskraft eines Unternehmens zu berücksichtigen, solange sie noch nicht durch die Vereinbarung eines Entgelts konkretisiert sei. Hingegen sei der Geschäftswert bei einer Konkretisierung als selbständig bewertbares Wirtschaftsgut in Erscheinung getreten, so daß er auch bei einer Einzelbewertung zu erfassen sei[47].

Eine Pachtvereinbarung könne eine solche Konkretisierung aber nur bewirken, wenn sich der Teil des Pachtzinses, der auf den Geschäftswert entfalle, eindeutig und einwandfrei abgrenzen lasse. Eine Ermittlung anhand des Ertrags scheide aus.

In drei anderen Urteilen, sämtlich vom 26. 11. 1971[48], hat sich der BFH auch mit der bereits vom RFH entschiedenen Frage[49] beschäftigt, ob der Geschäftswert auch dann zu einem Wirtschaftsgut werde, wenn nur ein Mitunternehmeranteil und damit nur ein Teil des Geschäftswerts Gegenstand eines entgeltlichen Geschäfts geworden ist. Ausgehend von dem vom RFH aufgestellten Grundsatz, daß ein entgeltlich

---

[42] BStBl II 1970, 726, *727*.

[43] Ebenso BFH vom 14. 10. 1970, BStBl II 1971, 28, *29*; vom 5. 10. 1971, BStBl II 1972, 62, *63*.

[44] BStBl II 1971, 677, *LS* und *678*.

[45] BStBl II 1971, 677.

[46] BStBl II 1971, 677, *678*.

[47] BStBl II 1971, 677, *678*.

[48] BStBl II 1972, 310, 311, 312.

[49] RFH vom 19. 12. 1940, RStBl 1941, 388; vom 29. 10. 1942, RStBl 1943, 69, *71*.

erworbener Geschäftswert als konkretisiert anzusehen sei, widersprach der BFH in diesen Urteilen[50] der Auffassung des RFH, daß nur der anteilige Geschäftswert anzusetzen sei. Der BFH meinte, daß der RFH sich zu eng an die ertragsteuerliche Behandlung angeschlossen habe. Bewertungsrechtlich sei es grundsätzlich geboten, durch die Zahlung des Entgelts für den anteiligen Geschäftswert den Gesamtgeschäftswert als konkretisiert anzusehen. Gleichwohl hat der BFH dann allerdings in allen drei Fällen keinen Gesamtgeschäftswert angesetzt: Eine Hochrechnung auf den Gesamtgeschäftswert sei nur in Ausnahmefällen möglich, und zwar nur dann, wenn das für den Geschäftswert gezahlte Entgelt eindeutig und klar bestimmbar sei. Dies hat der Senat in den entschiedenen Fällen verneint. Gegen den Ansatz des anteiligen Geschäftswerts hatte der BFH indessen offenbar keine Bedenken, wenngleich die Urteile zu diesem Punkt keine näheren Ausführungen enthielten.

4. Literatur

Die Literatur folgt überwiegend der Auffassung der höchstrichterlichen Rechtsprechung. Nicht selten wird für die Meinung, ein Geschäftswert sei nur dann ein Wirtschaftsgut und damit bewertbar, wenn und soweit er entgeltlich erworben sei, außer dem Hinweis auf die entsprechende Spruchpraxis der Steuergerichte keine eigene Begründung gegeben[51]. Andere Autoren begnügen sich mit dem Hinweis, daß ein entgeltlich erworbener Geschäftswert anerkanntermaßen ein Wirtschaftsgut sei. Ein originärer Geschäftswert könne nur im Rahmen der Gesamtbewertung erfaßt werden. Da das Bewertungsgesetz den Grundsatz der Gesamtbewertung aufgegeben habe, sei ein originärer Geschäftswert nicht bewertungsfähig[52].

Einige Autoren haben sich jedoch eingehender mit dieser Frage beschäftigt. Schon vor dem Erlaß des oben ausführlich behandelten RFH-Urteils vom 28. 2. 1930[53] hatte sich Enno Becker mit der Bewertung des Geschäftswerts befaßt. Er war zu dem Ergebnis gekommen, daß das Bewertungsgesetz die Bewertung der einzelnen Gegenstände

---

[50] Insbesondere im Urteil vom 26. 11. 1971, BStBl II 1972, 310, *311*.

[51] *Boll* S. 57 f.; *Dziegalowski / Thümen* § 44 Anm. 11 III; *Ellinger / Schug / Ehlers* § 66 Anm. III 1 a; *Erler* § 44 Anm. 8 g; *Glade* StbJb 1969/70, 311 f.; *Gürsching / Stenger* § 95 Anm. 64 f.; *Haider / Engel / Dürschke* § 66 Anm. 1 b; *Hüffer* S. 53; *Ley* S. 28, vgl. aber S. 47 f.; *Maaßen* StbJb 1961/62, 335 f.; *Noack* S. 79, *Rössler* BB 1972, 745 f.; *Schnitzler* S. 14; *Steinhardt* § 95 Anm. 20; *Theel* S. 59; *Thümen* S. 103.

[52] *Beuck* (Bewertungsgrundsätze) S. 117 ff.; *Friedlaender* StuW 1952, 409; *Loos* DB 1968, 1507; *Schoppe* FR 1971, 461.

[53] RStBl 1930, 287.

vorschreibe[54], originäre Geschäftswerte aber keine Gegenstände seien[55]. Sie würden vielmehr nur insoweit „Reales" und damit „steuerpflichtiger Gegenstand", als etwas für sie gezahlt werde[56]. Diese Meinung vertritt er[57], nachdem er zeitweilig anderer Auffassung gewesen war[58], erneut nach dem Erlaß des oben angeführten RFH-Urteils.

Auch Seweloh stimmte der Rechtsprechung zu[59]: Die Erfassung eines originären Geschäftswerts widerspreche dem Grundsatz der Einzelbewertung. Den Ansatz des derivativen Geschäftswerts begründete er mit der Erwägung, daß jemand, der für einen Geschäftswert Geld hingebe, dadurch nicht ärmer werde, sondern gleich leistungsfähig bleibe. Außerdem sah Seweloh, ebenso wie der RFH, in der vermögensteuerlichen Berücksichtigung nur des derivativen Geschäftswerts eine zweckmäßige Korrelation zur Einkommensteuer. Der Geschäftswert, der bei späterer Veräußerung einkommensteuerpflichtig werde, bleibe vermögensteuerfrei, der vermögensteuerpflichtige Geschäftswert sei dagegen einkommensteuerfrei[60].

Spitaler[61] vertrat die Auffassung, im Bewertungsrecht könnten nur objektive Werte erfaßt werden. Da ein originärer Geschäftswert aber von subjektiven Vorstellungen abhänge, sei er kein Wirtschaftsgut, sondern ein wertsteigernder Faktor. Ein solcher wertsteigernder Faktor sei indessen nicht zu bewerten[62]. Erst durch eine Veräußerung werde der Geschäftswert für den Erwerber zu einem Wirtschaftsgut, was auch nach dem Grundsatz der gleichmäßigen Besteuerung gerechtfertigt sei[63].

---

[54] StuW 1926, 205 ff.

[55] StuW 1926, 215 f.

[56] StuW 1926, 217 f.

[57] StuW 1930, 580 ff.

[58] In StuW 1927, 81 ff. vertrat er die Auffassung, daß ein Geschäftswert kein steuerpflichtiger Gegenstand sein könne, da er sich nur aus dem Unterschied zwischen dem Gesamtwert und dem Wert der einzelnen Gegenstände ergebe. Außerdem habe das Bewertungsgesetz den Gedanken der Erfassung der wirtschaftlichen Einheit, aus dem man allenfalls zu einer Besteuerung des Geschäftswerts kommen könne, aufgegeben, da gerade die wichtigsten Teile, die Grundstücke, nicht mit dem Teilwert angesetzt würden. Schließlich sei der Goodwill lediglich werdendes Einkommen. Wenn die Einkommensteuer zukünftiges Einkommen nicht erfasse, passe es nicht, wenn der gleiche Vorgang durch die Vermögensteuer — als einer Ergänzung der Einkommensteuer — besteuert werde.

[59] StuW 1932, 130.

[60] StuW 1932, 130 f.

[61] FR 1956, 245.

[62] FR 1956, 245; ebenso im Vorwort für *Noack* S. V; zum gleichen Ergebnis kommt *Spitaler* in FR 1961, 159.

[63] FR 1956, 244.

Stenner kam zu dem gleichen Ergebnis mit der Erwägung, daß der Geschäftswert durch die Entgeltlichkeit zum Wertträger werde, dadurch realen Charakter erhalte und die Verkehrsanschauung ihn als konkretes Wertobjekt ansehe[64].

Nach der Meinung von Gübbels hat der Gesetzgeber, obwohl er für die Bewertung des Betriebsvermögens das Prinzip der Gesamtbewertung vorgeschrieben habe, auf die Erfassung des Geschäftswerts bewußt verzichtet[65]. Dies ergebe sich auch aus § 109 Abs. 4 BewG[66].

Der Ansatz eines negativen Geschäftswerts wird, wie von der Rechtsprechung[67], so auch von der überwiegenden Literaturmeinung — allerdings ohne eigene Begründung — abgelehnt[68].

Kritisch stellen sich zur herrschenden Meinung, wenn sie ihr im Ergebnis auch folgen, Klaus Becker[69], Kassühlke[70], Meuschel[71] und Troll[72].

Nach Klaus Becker „scheint der Vermögensbesteuerung eine Auffassung zugrunde zu liegen, die nicht ertrags-, sondern substanzbezogen" ist, da die wirtschaftliche Leistungsfähigkeit, die durch die Vermögensbesteuerung erfaßt werde, an dem Substanzwert des Vermögens gemessen werden solle[73]. Der Geschäftswert sei nur ein Wert, der sich als Differenz zwischen Gesamtwert und Substanzwert des Unternehmens errechne, somit in dem Substanzwert nicht enthalten sei[74]. Daraus folge, daß das für die Vermögensteuer maßgebende Vermögen keinen Geschäftswert enthalten könne, gleichgültig, ob hierfür etwas gezahlt worden sei oder nicht[75]. Gleichwohl sieht Klaus Becker den derivativen Geschäftswert als vermögensteuerbar an, da dieser durch das gezahlte Entgelt zum Wirtschaftsgut werde und damit Bestandteil des gewerblichen Betriebsvermögens sei[76]. Da die Vermögensteuer aber substanzbezogen sei, sollte man — so Becker — auch von der Erfassung des derivativen Geschäftswerts absehen[77].

---

[64] S. 17.

[65] *Gübbels* (Anlagevermögen) S. 5.

[66] StBp 1967, 180.

[67] Siehe oben Fn. 28.

[68] *Haider / Engel / Dürschke* § 66 Anm. 6; *Gürsching / Stenger* § 95 Anm. 66; *Glade* StbJb 1969/70, 291.

[69] S. 67 ff.

[70] Inf A 1966, 52.

[71] StbJb 1957/58, 351.

[72] *Rössler / Troll* § 95 Anm. 14, § 109 Anm. 34.

[73] S. 22.

[74] S. 69 ff.

[75] S. 69, 71, 76.

[76] S. 77.

[77] S. 80.

Kassühlke sieht in der ungleichen Behandlung des originären und des derivativen Geschäftswerts zwar eine Verletzung des Gleichheitssatzes, aus Gründen der Praktikabilität sei es aber vertretbar, auf die Besteuerung des originären Geschäftswerts zu verzichten[78].

Nach Meuschel wäre es eine ideale Lösung, auch den originären Geschäftswert anzusetzen. Die Finanzverwaltung könne indessen seinen Wert nicht ermitteln, so daß man auf seine Erfassung verzichten müsse[79].

Nach der Meinung von Troll ist das von der Rechtsprechung gefundene Ergebnis unbefriedigend. Der Einheitswert des Betriebsvermögens sei ein reiner Substanzwert, bei dem die Ertragskraft nicht berücksichtigt werden könne. Durch die Erfassung des derivativen Geschäftswertes werde die Ertragskraft der Bewertung aber doch zugrunde gelegt. Zudem sei es eine Ungleichmäßigkeit, nur den derivativen, nicht auch den originären Geschäftswert zu besteuern. Gleichwohl hält Troll die herrschende Meinung nicht für unvertretbar[80].

Einige Autoren stimmen der herrschenden Meinung auch im Ergebnis nicht zu. Den für den Steuerpflichtigen günstigsten Standpunkt vertritt Lion. Nach seiner Auffassung ist die unterschiedliche Behandlung des originären und des derivativen Geschäftswerts nicht zu rechtfertigen, weil insoweit kein vermögensteuerlich relevanter Unterschied bestehe[81]. Wenn der Geschäftswert überhaupt zur Vermögensteuer herangezogen werden solle, dürfe dies nur aufgrund eines jedes Betriebsvermögen in gleicher Weise umfassenden Prinzips geschehen[82]. Die unterschiedliche Behandlung werde in keinem Urteil des RFH oder des Preußischen OVG begründet, stamme vielmehr aus der nicht zu billigenden Verquickung mit der ganz anders liegenden Frage, ob Abschreibungen auf ein entgeltliches Firmenrecht zu Lasten des Jahresertrages zulässig seien[83]. Der Geschäftswert sei seiner Natur nach ein Wertberichtigungskonto[84]. Ein wirtschaftliches Gut werde erst dann zu einem Gegenstand im Sinne des Bewertungsgesetzes, wenn es objektiviert, versachlicht, losgelöst von Gegenständen und Personen selbständig übertragen werden könne[85]. Nur Gegenstände, d. h. materielle Dinge, könnten steuerpflichtiges Vermögen sein, da nur sie dem Unter-

---

[78] Inf A 1966, 52.
[79] StbJb 1957/58, 351.
[80] *Rössler / Troll* § 95 Anm. 14.
[81] StuW 1925, 745 f.
[82] StuW 1925, 755.
[83] StuW 1925, 746.
[84] StuW 1925, 731.
[85] VJStFR 1927, 557.

nehmen „gewidmet" und „entwidmet" werden könnten[86]. Da der Geschäftswert nicht selbständig übertragbar sei[87] und dem Unternehmen nicht gewidmet werden könne[88], sei er kein steuerpflichtiger Gegenstand. Als Differenz zwischen dem Gesamtwert des Unternehmens und der Summe der Einzelbestandteile könne er nicht ein selbständig bewertbarer Gegenstand sein[89]. Der Geschäftswert könne auch nicht dadurch erfaßt werden, daß die übrigen Wirtschaftsgüter entsprechend höher oder niedriger bewertet würden[90]. Ein positiver Geschäftswert sei daher nicht unter den Aktiven der Vermögensteuerbilanz aufzunehmen[91].

Hingegen müsse ein negativer Geschäftswert, wenn er nachweisbar sei, unter den Passiven erfaßt werden, da ein Erwerber diesen Umstand bei einer Preisermittlung berücksichtigen werde[92]. Lion will dadurch das Imparitätsprinzip auch bei der vermögensteuerlichen Bewertung anwenden[93].

Den Geschäftswert, gleichgültig ob originär oder derivativ, ob aktiv oder passiv, unberücksichtigt lassen wollen Fritz E. Koch und Groh. Koch sieht als steuerpflichtigen Gegenstand nur an, was für sich allein, unabhängig vom Betrieb, einen gemeinen Wert hat. Da ein Geschäftswert nicht außerhalb eines Betriebes bestehen könne, scheide sein Ansatz bei der Bewertung schon deshalb aus[94].

Nach Groh ließe sich der Wert des Geschäftswerts zwar auch als Einzelwert ermitteln, und zwar dadurch, daß der Übergewinn entsprechend kapitalisiert werde. Der Ansatz des originären Geschäftswerts würde damit keine großen Schwierigkeiten bereiten, zumal dieser bei der Anteilsbewertung nach dem sogenannten Stuttgarter Verfahren ebenfalls ermittelt werden könne. Dennoch sei der Geschäftswert niemals ein Wirtschaftsgut, auch wenn er entgeltlich erworben werde. Nach allgemeiner Meinung könne ein derivativer Geschäftswert nur abgeschrieben werden, wenn der Teilwert des Gesamtgeschäftswerts entsprechend gesunken sei. Es sei daher eine ständige Gesamtbewertung erforderlich, um zu prüfen, ob der derivative Geschäftswert abgeschrieben werden müsse. Dies verstoße indessen gegen das Prinzip

---

[86] StuW 1925, 749 f.
[87] VJStFR 1927, 558 f.
[88] StuW 1925, 750.
[89] VJStFR 1927, 558.
[90] StuW 1925, 370; VJStFR 1927, 561.
[91] *Lion* (Bilanzsteuerrecht) S. 63, 194 ff.
[92] *Lion* (Bilanzsteuerrecht) S. 63, 198.
[93] *Lion* (Bilanzsteuerrecht) S. 198.
[94] StuW 1927, 51.

der Einzelbewertung[95]. Zudem wolle das Gesetz nur den Substanzwert erfassen, den Geschäftswert damit bewußt von der Bewertung ausschließen. Das vom RFH genannte gesetzgeberische Motiv der Berechnungsschwierigkeiten sei nur behauptet, nicht aber nachgewiesen worden[96].

Den entgegengesetzten Standpunkt, daß nämlich sowohl der derivative als auch der originäre Geschäftswert stets zu erfassen seien, vertreten Ley, Roer, Steinberg und Thomä.

Ley sieht den Grundsatz der gleichmäßigen Belastung aller Steuerpflichtigen als verletzt an, wenn nur der entgeltlich erworbene Geschäftswert bewertungsrechtlich in Erscheinung trete[97]. Nach seiner Auffassung ist der Teilwert des Geschäftswertes anhand der Aufwendungen des Unternehmens für Reklame, Kundendienst usw. zu ermitteln, unabhängig von der ertragsteuerlichen Behandlung[98].

Roer hält die herrschende Meinung ebenfalls nicht für gesetzeskonform. Eine — selbst schematische — Erfassung jedes Geschäftswerts sei gerechter als eine Bewertung anhand mehr oder weniger zufälliger Erwerbskosten[99].

Steinberg folgt der herrschenden Meinung schon darin nicht, daß das Gesetz die Einzelbewertung vorschreibe. Vielmehr sei das Betriebsvermögen nach dem Grundsatz der Gesamtbewertung zu bewerten. Bei der Ermittlung des Gesamtwertes sei auch ein originärer Geschäftswert zu erfassen. Die Schwierigkeiten der Wertermittlung dürfen seiner Meinung nach nicht dazu führen, daß der Geschäftswert überhaupt nicht besteuert werde[100].

Thomä knüpft an die Rechtsprechung des RFH an, wonach immaterielle Werte werterhöhende Umstände für die einzelnen Gegenstände darstellen[101]. Das Bewertungsgesetz schreibe vor, die einzelnen Gegenstände mit einem Wert anzusetzen, der auch sämtliche immateriellen Werte, also auch den Wert der Kundschaft u. ä. enthalte[102]. Die immateriellen Werte seien daher nicht gesondert zu erfassen. Sie müßten aber durch die vorgeschriebene Methode berücksichtigt werden. Thomä sieht seine Auffassung auch durch die Gesetzesmaterialien gestützt.

---

[95] FR 1973, 281.

[96] FR 1973, 282 f.

[97] S. 47.

[98] S. 48; vgl. aber S. 28, wonach ein Firmenwert nur dann ein bewertungsfähiges Wirtschaftsgut sein soll, wenn er entgeltlich erworben worden ist.

[99] DB 1972, 354.

[100] StBp 1967, 125.

[101] VJStFR 1927, 416.

[102] VJStFR 1927, 418.

Überwiegenden Widerspruch hat die Auffassung der Rechtsprechung gefunden, wonach bei einer Veräußerung eines Anteils des Unternehmens der Geschäftswert für das ganze Unternehmen konkretisiert werde[103].

Desgleichen wird die Meinung der Rechtsprechung kritisiert, daß ein Geschäftswert durch eine Verpachtung konkretisiert werden könne. Ein originärer Geschäftswert — so die Kritik — bleibe beim Verpächter trotz der Verpachtung originär, könne daher nicht zu einem Wirtschaftsgut werden[104].

II. Andere immaterielle Werte

1. Rechtsprechung

Das oben eingehend erörterte Urteil des RFH vom 28. 2. 1930[105] war grundlegend auch für die bewertungsrechtliche Behandlung anderer immaterieller Werte.

Nach diesem Urteil sollen immaterielle Güter nur ausnahmsweise bewertungsfähig und -pflichtig sein, nämlich hauptsächlich nur dann, wenn sich eine entsprechende feste allgemeine Verkehrsanschauung gebildet habe oder wenn die Güter nach 1923 entgeltlich erworben oder durch — bilanzsteuerlich aktivierbare — Aufwendungen „anerkannt" seien[106].

Die spätere Rechtsprechung folgte diesem Grundsatz[107]. In Lizenz vergebene Patente, Warenzeichen und ähnliche immaterielle Werte wurden auf der Grundlage dieser Rechtsprechung bewertet[108].

---

[103] *Glade* StbJb 1969/70, 315 f.; *Gürsching / Stenger* § 95 Anm. 71, 72 b; *Loos* DB 1968, 1507, *Noack* S. 88; *Schoppe* FR 1971, 462; so auch FG Düsseldorf (Senate in Köln) vom 15. 6. 1970, EFG 1971, 6, 7; zustimmend allerdings die Finanzverwaltung, vgl. StEK § 109 BewG Nr. 14, 24, 36; *Maaßen* StbJb 1961/62, 338.

[104] *Greiffenhagen*, FR 1969, 127 ff.; so auch niedersächs. FG vom 21. 10. 1970, EFG 1971, 121, *122*.

[105] RStBl 1930, 287 ff.

[106] RStBl 1930, 291.

[107] RFH vom 25. 10. 1934, RStBl 1935, 25; vom 26. 1. 1939, RStBl 1939, 553, *556;* BFH vom 13. 2. 1970, BStBl II 1970, 369, *371;* vom 13. 2. 1970, BStBl II 1970, 373, *374;* vom 6. 3. 1970, BStBl II 1970, 489, 490; vom 7. 8. 1970, BStBl II 1970, 842, *844;* vom 26. 11. 1971, BStBl II 1972, 310; FG Düsseldorf (Senate in Köln) vom 15. 7. 1970, EFG 1971, 6, 7: „Es gehört zum Wesen immaterieller Wirtschaftsgüter, daß sie aufgrund ihrer im einzelnen unwägbaren Faktoren wertmäßig erst erfaßbar werden, wenn und nur soweit sie sich im Wirtschaftsverkehr als in Geldwert meßbar realisiert haben."

[108] RFH vom 15. 10. 1931, RStBl 1932, 123, LS; vom 1. 12. 1932, RStBl 1933, 125 (betr. Patent); vom 29. 4. 1937, RStBl 1937, 895, *896* (betr. Patent); BFH vom 4. 3. 1966, BStBl III 1966, 348 (betr. Patent); vom 13. 2. 1970, BStBl II 1970, 369, *371* f. (betr. Warenzeichen und Know-how); vom 13. 2. 1970, BStBl II 1970, 373, *LS* (betr. Know-how).

Zur Frage, unter welchen Voraussetzungen ein Wirtschaftsgut durch besondere Aufwendungen entsteht, äußerte sich der BFH im Urteil vom 6. 3. 1970[109]. Danach stellen jedenfalls Werbeprovisionen zur Schaffung eines Kundenstammes keine Aufwendungen dar, die ein immaterielles Wirtschaftsgut begründen könnten. Bezüglich des durch die Zahlung der Provisionen erlangten Belieferungsrechts (hier für Lesezirkel) sei die Bewertungsfähigkeit auch nicht durch die allgemeine Verkehrsanschauung anerkannt[110].

Dagegen nahm die Rechtsprechung des RFH eine feste allgemeine Verkehrsanschauung dahin an, daß die sogenannten Apothekenkonzessionen bewertungsfähig seien[111].

Auch der BFH behandelte Apothekenkonzessionen anders als andere Geschäftswerte. Nach dem Urteil vom 17. 8. 1956[112], in dem der BFH davon ausging, daß das Apothekenrecht einen eventuellen Geschäftswert mit umfasse, ist für den Wertansatz eines solchen Rechts nicht der Anschaffungspreis, sondern der Zeitwert maßgebend. In vier weiteren Urteilen, alle vom 19. 10. 1964[113], sah der BFH ebenfalls Apothekenrealrechte als bewertungspflichtig an, und zwar unabhängig davon, ob sie originär oder entgeltlich erworben worden waren. Der BFH begründete seine Auffassung damit, daß das Apothekenrecht jedenfalls bis 1958 — dem Jahr des Erlasses des Apotheken-Urteils des BVerfG[114] — für seinen Inhaber faktisch einen Wert darstelle, der auch bewertungsrechtlich erfaßt werden müsse[115].

Im Urteil vom 17. 5. 1966[116] führte der BFH aus, daß dann, wenn das Apothekenrecht wegen der eingeführten Gewerbefreiheit als solches wertlos geworden sei, der in dem Apothekenrecht enthaltene, bisher als solcher nicht besonders erfaßte derivative Geschäftswert als Wirtschaftsgut behandelt werden müsse.

2. Literatur

Die überwiegende Meinung in der Literatur vertritt zur Bewertung der immateriellen Werte — wie auch hinsichtlich des Geschäftswertes

---

[109] BStBl II 1970, 489, 490.

[110] BStBl II 1970, 491.

[111] RFH vom 28. 2. 1930, RStBl 1930, 287, 291; vom 20. 3. 1930, RStBl 1930, 746; vom 20. 3. 1930, RStBl 1930, 747, 748; vom 4. 4. 1930, RStBl 1930, 749; vom 8. 5. 1930, RStBl 1930, 750; vom 26. 1. 1939, RStBl 1939, 553, 556.

[112] BStBl III 1956, 297, 299.

[113] BStBl III 1965, 2, 3, 6, 7.

[114] BVerfG vom 11. 6. 1958, BVerfGE 7, 377.

[115] Vgl. insbesondere Urteil vom 19. 10. 1964, BStBl III 1965, 3, 5. So auch BFH vom 20. 11. 1964, BStBl III 1965, 66, 67; vom 19. 3. 1965, BStBl III 1965, 310, 312 f.

[116] BStBl III 1966, 481, 482 f.

— keinen von der Rechtsprechung abweichenden Standpunkt. Immaterielle Werte werden nur dann als bewertbare Wirtschaftsgüter angesehen, wenn sie entweder entgeltlich erworben oder durch aktivierbare Aufwendungen konkretisiert sind oder wenn sie durch eine allgemeine Verkehrsauffassung als Wirtschaftsgüter anerkannt werden[117].

Die Begründungen hierfür, soweit überhaupt welche gegeben werden, lassen sich durchweg auf den Gedanken zurückführen, daß eine Bewertung von Werten praktisch nicht durchführbar sei oder jedenfalls doch willkürlich wäre, solange die Werte nicht realisiert oder konkretisiert seien[118].

Lediglich Thomä[119] will *alle* immateriellen Werte erfaßt wissen, allerdings nur in der Weise, daß ihr Wert auf die materiellen Gegenstände verteilt wird. Er beruft sich zur Begründung auf die Rechtsprechung des RFH, nach der die immateriellen Werte als werterhöhende Umstände für die einzelnen Gegenstände angesehen werden sollen[120].

B. Rückstellungen

Die wohl am meisten diskutierte Frage des ganzen Bewertungsrechts ist die, inwieweit Rückstellungen bei der Ermittlung des Einheitswerts des Betriebsvermögens abgezogen werden können[121]. Die Entscheidung dieser Frage wird durchweg von der Beantwortung der Vorfrage abhängig gemacht, ob die §§ 4 bis 8 BewG bei der Bewertung des Betriebsvermögens anwendbar sind.

I. Rechtsprechung

1. Grundsätzlicher Standpunkt

Rückstellungen sind — insoweit besteht kein Streit — nur abzugsfähig, wenn sie als Betriebsschulden anzusehen sind, da die Behandlung

---

[117] *Gürsching / Stenger,* § 95 Anm. 61, *Rössler* BB 1972, 745; *Sidlo* S. 27; *Steinhardt* § 95 Anm. 17; *Stenner* S. 21 f.; vgl. auch *Rössler / Troll* § 95 Anm. 13: „Im allgemeinen wird nur als immaterielles Wirtschaftsgut erfaßt, was von der Rechtsprechung als solches anerkannt ist." Zu einzelnen immateriellen Werten: *Enno Becker* StuW 1926, 215; *Boll,* S. 55; *Dziegalowski / Thümen* § 44 Anm. 11; *Fischer* S. 38; *Gürsching / Stenger* § 95 Anm. 77 f.; *Haider / Engel / Dürschke* § 2 Anm. 2 a; *Ley* S. 48; *Noack* S. 30 ff.

[118] Vgl. *Enno Becker* StuW 1926, 211; *Beuck* (Bewertungsgrundsätze) S. 93 f.; *Leissle* StuW 1955, 786; *Noack* S. 13, 15; *Rössler* BB 1972, 747; *Seweloh* StuW 1932, 127.

[119] VJStFR 1927, 416.

[120] VJStFR 1927, 416; mit dem gleichen Argument wird indessen auch das Gegenteil begründet. Nach *Spitaler,* Vorwort für *Noack,* sind wertsteigernde Faktoren bei der Einheitsbewertung gerade nicht zu berücksichtigen.

[121] *Rössler / Troll* § 103 Anm. 10.

von Rückstellungen, von wenigen Ausnahmen abgesehen, im Gesetz nicht ausdrücklich geregelt ist.

Voraussetzung für den Abzug einer Schuld ist — darüber besteht ebenfalls kein Streit —, daß sie zum maßgebenden Feststellungszeitpunkt bereits entstanden und noch nicht erloschen ist[122].

Darüber hinaus hat die Rechtsprechung immer wieder betont, daß nur solche Schuldposten berücksichtigt werden können, die am Stichtag eine wirtschaftliche Belastung darstellen und mit deren Geltendmachung der Steuerpflichtige ernstlich rechnen muß[123].

Daraus hat die Rechtsprechung abgeleitet, daß die Schuld grundsätzlich bürgerlich-rechtlich wirksam sein muß[124]. Trotz zivilrechtlicher Wirksamkeit liegt indessen nach Meinung der Rechtsprechung eine bewertungsrechtlich zu berücksichtigende Last nicht vor, wenn die Schuld keine ernstzunehmende Belastung darstellt[125], während andererseits auch ohne rechtliche Verpflichtung die Verbindlichkeit anerkannt wird, wenn aufgrund vieljähriger Übung mit einer Erfüllung der Schuld am Stichtag tatsächlich gerechnet werden muß[126]. Begründet wird diese Maßgeblichkeit der wirtschaftlichen Betrachtungsweise mit § 1 Abs. 2 und 3 StAnpG[127].

Eine andere Begründung findet sich allerdings im Urteil des RFH vom 10. 10. 1940[128]. Der RFH hat hier unter Berufung auf einen Aufsatz von Veiel[129], dem damaligen Präsidenten des Bewertungssenats des RFH, ausgeführt[130]:

„Deshalb muß auch bei der Zusammenrechnung der Teilwerte zum Gesamtwert des Unternehmens auf die wirtschaftliche Belastung des Unternehmens mit zukünftigen Ausgaben, die auf Betriebsvorfällen der Ver-

---

[122] BFH vom 10. 5. 1972, BStBl II 1972, 688, *689;* vom 21. 7. 1972, BStBl II 1972, 872, *873.*

[123] RFH vom 24. 6. 1937, RStBl 1937, 798, *799;* BFH vom 12. 6. 1964, BStBl III 1964, 450, *450 f.;* BFH vom 14. 7. 1967, BStBl III 1967, 770, *771;* vom 27. 8. 1971, BStBl II 1972, 100, *101;* vom 21. 1. 1972, BStBl II 1972, 446, *447;* vom 28. 4. 1972, BStBl II 1972, 524, *525;* vom 10. 5. 1972, BStBl II 1972, 688, *689;* vom 21. 7. 1972, BStBl II 1972, 872, *873;* vom 25. 5. 1973, BStBl II 1973, 623, *624;* FG Berlin vom 12. 7. 1971, EFG 1971, 526.

[124] BFH vom 8. 1. 1960, BStBl III 1960, 83, *85.*

[125] RFH vom 17. 12. 1931, RStBl 1932, 328, *329;* vom 21. 1. 1932, RStBl 1932, 964; vom 11. 2. 1937, RStBl 1937, 603; BFH vom 5. 11. 1954, BStBl III 1954, 381, *382;* vom 3. 4. 1959, BStBl III 1959, 300.

[126] RFH vom 10. 2. 1938, RStBl 1938, 531; BFH vom 5. 10. 1956, BStBl III 1956, 374; vom 22. 10. 1965, BStBl III 1966, 3.

[127] BFH vom 28. 4. 1972, BStBl II 1972, 524, *525;* vom 10. 5. 1972, BStBl II 1972, 688.

[128] RStBl 1941, 227.

[129] StuW 1940, 676.

[130] RStBl 1941, 228.

gangenheit beruhen und damit den gegenwärtigen Gesamtwert des Unternehmens schon für den Stichtag bei einer Annahme einer Betriebsveräußerung an diesem Tage vermindern ..., Rücksicht genommen werden."

Bei der Entscheidung der Frage, ob Rückstellungen abzugsfähig sind, hat die Rechtsprechung nicht nur geprüft, ob die Rückstellungen eine wirtschaftliche Last darstellen, sondern auch, ob sie aufschiebend bedingt sind.

2. Zur bedingten Last im besonderen

Schon der RFH hatte zu prüfen, wie Rückstellungen zu behandeln sind. Im Urteil vom 24. 9. 1931[131] führte er noch aus:

„Es kann freilich zweifelhaft sein, ob an der dort (sc.: Urteil vom 20. 2. 1930, RStBl 1930, S. 337, Nr. 470) gegebenen Begründung, (sc.: daß nicht verwirklichte Pensionsverpflichtungen keine abzugsfähigen Schulden darstellen) insoweit festzuhalten ist, wie sie sich auf § 149 AO a. F. (§ 5 RBewG 1931) stützt. Denn nach der amtl. Begründung zur AO a. F. (S. 112) sollen die Sondervorschriften der §§ 141 ff. AO a. F. (entsprechend Erster Teil des RBewG 1931) nur für den Fall der Einzelbewertung gelten und auf bedingte Forderungen und Schulden, die zu einem Betriebsvermögen gehören, keine Anwendung finden.

Auch in zwei danach erlassenen Urteilen entschied der RFH noch, daß ein Abzug aufschiebend bedingter Lasten vom Betriebsvermögen jedenfalls nur dann in Betracht komme, wenn bereits am Stichtag mit dem Eintritt der Bedingung einigermaßen sicher zu rechnen sei[132].

Im Urteil vom 22. 6. 1933[133] änderte der RFH dann seine Meinung und kam zu dem Ergebnis, daß aufschiebend bedingte Rechte und Pflichten bei der Bewertung von Betriebsvermögen grundsätzlich nicht zu berücksichtigen seien[134]. Er begründete dies damit, daß die Vorschriften über die Behandlung bedingter Rechte und Lasten (§§ 4 ff. BewG) für die Fälle der Einzelbewertung gelten sollten und das Betriebsvermögen im wesentlichen nach dem Prinzip der Einzelbewertung zu bewerten sei. Zudem treffe der Zweck dieser Vorschriften, die Bewertung zu erleichtern und zu vereinfachen, für das Betriebsvermögen gleichermaßen wie für das übrige Vermögen zu[135].

An dieser Auffassung haben der RFH, der OFH und der BFH in ständiger Rechtsprechung festgehalten[136].

---

[131] RStBl 1933, 120, *121*.

[132] RFH vom 23. 9. 1932, RStBl 1932, 990, *991;* vom 23. 2. 1933, RStBl 1933, 698, *700*.

[133] RStBl 1933, 875.

[134] RStBl 1933, 877.

[135] RStBl 1933, 877 f.

[136] RFH vom 29. 1. 1942, RStBl 1942, 511; *OFH* vom 19. 12. 1949, StuW 1950, Nr. 43, S. *86;* BFH vom 25. 10. 1951, BStBl III 1952, 37, *38;* vom 26. 7. 1957,

Die Diskrepanz, die zwischen dieser Auffassung und dem zuvor dargestellten Grundsatz besteht, daß es für den Schuldenabzug auf die wirtschaftliche Last ankomme, hat die Rechtsprechung durchaus gesehen. Schon der OFH ging im Urteil vom 19. 12. 1949[137] hierauf ein. Er stellte indessen fest, daß durch die §§ 4 bis 8 BewG bedingte Rechte und Lasten als nicht vorhanden angesehen würden, so daß sich die Frage der Bewertung solcher wirtschaftlich zweifellos bestehender Lasten nicht mehr stelle.

Der BFH ließ den Abzug bedingter Schulden und Rückstellungen auch nicht mit Rücksicht auf den Teilwertgedanken zu, da § 12 BewG (1935) gleichrangig neben § 6 BewG stehe und auch § 66 BewG (1935) nichts anderes anordne[138]. Der Teilwert sei nur Bewertungsmaßstab, regele also nur das „Wie" der Bewertung. Die Vorfrage, ob Lasten anzusetzen seien, regele aber § 6 BewG, so daß für bedingte Lasten der Teilwert nicht in Betracht komme[139].

Auch mit Hilfe der wirtschaftlichen Betrachtungsweise, insbesondere dem Gesichtspunkt der wirtschaftlichen Last könne im Rahmen der §§ 4 - 8 BewG selbst kein anderes Ergebnis erzielt werden; diese Vorschriften seien vielmehr zivilrechtlich auszulegen[140]. Nach Auffassung des BFH ist die wirtschaftliche Betrachtungsweise nur anzuwenden, um den wahren Charakter der Bedingung zu ermitteln[141]. Dieses Ergebnis folge auch aus dem statischen Prinzip[142] oder dem Stichtagsprinzip[143], wobei sich die dadurch ausgelösten Nachteile mit entsprechenden Vorteilen ausgleichen würden, so daß das Ergebnis auch nicht unbefriedigend sei[144].

Die Wahrscheinlichkeit, nach der im Feststellungszeitpunkt eine Bedingung eintritt, ist nach der Rechtsprechung des BFH nicht entscheidend und macht insbesondere eine aufschiebende Bedingung nicht zu einer auflösenden[145].

BStBl III 1957, 314, 320; vom 30. 4. 1959, BStBl III 1959, 315, 317; vom 8. 1. 1960, BStBl III 1960, 83, 85; vom 8. 9. 1961, BStBl III 1962, 19, 20; vom 12. 7. 1968, BStBl II 1968, 794, 795 f.; vom 26. 5. 1972, BStBl II 1972, 668, 670.

[137] StuW 1950, Nr. 43, S. 86.

[138] BFH vom 25. 10. 1951, BStBl III 1952, 37, 38; vom 26. 7. 1957, BStBl III 1957, 314, 320; vom 8. 9. 1961, BStBl III 1962, 19, 20; vom 12. 7. 1968, BStBl II 1968, 794, 797.

[139] BFH vom 12. 7. 1968, BStBl II 1968, 794, 797.

[140] BFH vom 8. 1. 1960, BStBl III 1960, 83, 85; vom 8. 9. 1961, BStBl III 1962, 19, 20; vom 5. 3. 1971, BStBl II 1971, 481, 483; vom 26. 5. 1972, BStBl II 1972, 668, 670.

[141] BFH vom 30. 4. 1959, BStBl III 1959, 315, 317.

[142] BFH vom 8. 9. 1961, BStBl III 1962, 19, 20.

[143] BFH vom 12. 7. 1968, BStBl II 1968, 794, 797.

[144] BFH vom 12. 7. 1968, BStBl II 1968, 794, 797.

Auch den Einwand, Rückstellungen seien bei der Anteilsbewertung nach dem sogenannten Stuttgarter Verfahren abzugsfähig und müßten daher auch bei der Bewertung des Betriebsvermögens berücksichtigt werden, ließ der BFH nicht gelten. Zum einen seien die Vermögensteuer-Richtlinien nur Verwaltungsanordnungen, zum anderen solle durch die Anteilsbewertung der wirtschaftliche Wert der Anteile ermittelt werden, während der Einheitswert nicht immer den wirtschaftlichen Wert des Betriebsvermögens wiedergebe[146].

3. Zu Einzelfällen

a) Pensionsverpflichtungen

Die Abzugsfähigkeit von Pensionsverpflichtungen ist mittlerweile in § 104 BewG geregelt. Gleichwohl ist es angebracht, die Rechtsprechung zur Abzugsfähigkeit von Pensionsverpflichtungen nachzuzeichnen, da sich hier die Problematik der Behandlung der bedingten Lasten am deutlichsten gezeigt hat und dazu in der Rechtsprechung immer wieder verschiedene Ansichten vertreten worden sind.

Im Urteil vom 24. 9. 1931[147] lehnte der RFH den Abzug von künftigen Pensionsverpflichtungen ab, da sie keine Schuld darstellten. Die Zusagen führten nur zu einer Anwartschaft. Diese Begründung gab der RFH im Urteil vom 22. 6. 1932[148] auf und lehnte den Abzug damit ab, daß durch solche Pensionszusagen nur bedingte Schulden entstünden, die nach dem Grundsatz der Einzelbewertung nicht berücksichtigt werden könnten.

Bedingte Ansprüche aus einer Rentenversicherung wollte hingegen das RFH-Urteil vom 29. 1. 1942[149] als Wirtschaftsgut angesetzt wissen. Denn nach § 67 Ziff. 6 BewG 1935 (= § 110 Ziff. 6 BewG 1965) gehörten derartige Ansprüche zum sonstigen Vermögen. Es sei aber nicht einzusehen, warum diese Ansprüche beim sonstigen Vermögen anders als beim Betriebsvermögen behandelt werden sollten. Ansprüche aus Rückdeckungsversicherungen, die zur Abdeckung von Pensionszusagen abgeschlossen worden seien, könnten indessen mit Rücksicht auf die Nichtabzugsfähigkeit der Pensionsverpflichtung nicht angesetzt werden. In einem solchen Fall müßten Anspruch und Verpflichtung außer Betracht bleiben.

---

[145] BFH vom 30. 4. 1959, BStBl III 1959, 315, *317*; vom 14. 7. 1967, BStBl III 1967, 770, LS; gegenteilig noch RFH vom 30. 9. 1943, RStBl 1944, 35.

[146] BFH vom 12. 7. 1968, BStBl II 1968, 794, *797*.

[147] RStBl 1932, 120, *121*.

[148] RStBl 1932, 875, *877*.

[149] RStBl 1942, 511.

Auch der OFH[150] versagte den Abzug von Rückstellungen für Pensionszusagen und ließ den Hinweis nicht gelten, daß unter dem Gesichtspunkt der großen Zahl Pensionszusagen eine faktische Verpflichtung begründen könnten. Der BFH bestätigte im Urteil vom 4. 7. 1952[151] zwar den Grundsatz der Nichtabzugsfähigkeit, ließ es aber dahingestellt, ob nicht aus dem — vom OFH für bedeutungslos gehaltenen — Gesichtspunkt der großen Zahl möglicherweise ein anderes Ergebnis folge.

Im Urteil vom 26. 7. 1957[152] änderte der BFH seine Meinung: Wenn ein Unternehmen mehr als hundert Pensionszusagen erteilt habe, bestehe unter dem Gesichtspunkt der großen Zahl schon eine gegenwärtige Last, die auch bei der Ermittlung des Einheitswerts des Betriebsvermögens zu berücksichtigen sei. Die Bewertung dieser Last habe nach versicherungsmathematischen Grundsätzen zu erfolgen[153].

Das Urteil vom 8. 9. 1961[154] brachte einen weiteren Wandel. In diesem Urteil verzichtete der BFH auf das Erfordernis der großen Zahl und sah auch einzelne Pensionsverpflichtungen als Schuld an. Dies ergebe sich aus einer analogen Anwendung von § 62 Abs. 2 BewG (= § 103 Abs. 2 BewG 1965)[155]. Die wirtschaftliche Lage sei im Fall der Pensionsanwartschaften die gleiche wie im Fall der versicherungstechnischen Rücklagen, so daß „der Analogieschluß aus § 62 Abs. 2 BewG (1935) zwar nicht zwingend, aber doch rechtlich und wirtschaftlich vertretbar" sei[156].

Diesen Gesichtspunkt ließ der BFH indessen im Urteil vom 22. 12. 1966[157] nicht mehr gelten. Vielmehr sei die Verpflichtung eines Arbeitgebers aus gutgeschriebenen Zuwendungen an seine Arbeitnehmer zum Zwecke der Altersvorsorge nicht abzugsfähig, da sie aufschiebend bedingt und daher gemäß § 6 BewG nicht zu berücksichtigen sei.

b) Haftungsverpflichtungen

Auch mit Rückstellungen für Haftungsverpflichtungen hatte sich die Rechtsprechung immer wieder zu beschäftigen. Im wesentlichen

---

[150] Urteil vom 19. 12. 1949, StuW 1950, Nr. 43, S. 86.

[151] BStBl III 1952, 206, 207.

[152] BStBl III 1957, 314, LS 4 und 5.

[153] BStBl III 1957, 314, 321; so auch BFH vom 24. 1. 1958, BStBl III 1958, 146.

[154] BStBl III 1962, 19.

[155] Danach können Versicherungsunternehmen wegen des Versicherungswagnisses Rückstellungen bilden.

[156] BStBl III 1962, 20; so auch BFH vom 1. 12. 1961, BStBl III 1962, 98, 99; vom 30. 3. 1962, BStBl III 1962, 232.

[157] BStBl III 1967, 282, 284.

handelte es sich hierbei um Rückstellungen für Gewährleistungsverpflichtungen und für das Wechselobligo.

aa) Gewährleistungsverpflichtungen

Im Urteil vom 15. 3. 1927[158] ließ der RFH am Stichtag begründete,
aber noch nicht geltend gemachte Garantieverpflichtungen zum Abzug
zu, wobei er gegen eine Schätzung des anzusetzenden Wertes keine
Bedenken erhob. Der RFH sah dies als innerlich gerechtfertigt an, da es
sich um Verpflichtungen ohne Gegenleistung handele und die für die
getätigten Lieferungen empfangenen Entgelte bzw. die Ansprüche
hierauf voll zum Ansatz kämen[159].

Hiervon rückte die Rechtsprechung später ab. Seit dem RFH-Urteil
vom 24. 6. 1937[160] wurde in ständiger Rechtsprechung die Auffassung
vertreten, solche Gewährleistungsverpflichtungen seien nur insoweit
als Schuldposten anzuerkennen, als der Abnehmer seine Ansprüche am
Stichtag geltend gemacht habe[161]. Der RFH begründete dies damit, daß
vor der Geltendmachung für den Unternehmer wirtschaftlich keine
Last entstanden sei. Die Entstehung der Verpflichtung wegen der
mangelhaften Lieferung sei bis zur Geltendmachung des Anspruchs
aufschiebend bedingt und daher nach § 6 BewG nicht abzugsfähig[162].

Der BFH[163] hielt zwar nicht an der Begründung, aber am Ergebnis
der RFH-Rechtsprechung fest. Er räumte ein, daß die Entstehung der
Gewährleistungsverpflichtung nicht aufschiebend bedingt sei, sondern
daß der Anspruch des Abnehmers kraft Gesetzes entstehe, sobald das
Werk mit einem Mangel behaftet sei. Die Nichtabzugsfähigkeit folge
aus einem anderen Grunde: Das Stichtagsprinzip verbiete es, Belastun-
gen des Unternehmers aufgrund bloß möglicher und zukünftiger Ausgaben zu berücksichtigen, auch wenn sie auf Betriebsvorfällen der
Vergangenheit beruhen. Auch der Auffassung, die Summe der bis zu
dem Stichtag noch nicht geltend gemachten Ansprüche verdichte sich
zu einer selbständigen, gegenwärtigen Last, könne wegen des Prinzips
der Einzelbewertung nicht zugestimmt werden[164].

---

[158] StuW 1927 Nr. 495.

[159] StuW 1927 Nr. 495, S. 670.

[160] RStBl 1937, 972.

[161] RFH vom 19. 12. 1941, RStBl 1942, 354, *355;* BFH vom 8. 1. 1960, BStBl
III 1960, 83, *86;* vom 22. 5. 1964, BStBl III 1964, 402, *403;* vom 12. 6. 1964, HFR
1965, 149.

[162] RFH vom 24. 6. 1937, RStBl 1937, 972.

[163] BFH vom 8. 1. 1960, BStBl III 1960, 83, *86.*

[164] BStBl III 1960, 83, *86.* So auch BFH vom 22. 5. 1964, BStBl III 1964, 402,
403; vom 12. 6. 1964, HFR 1965, 149.

bb) Wechselobligo und Bürgschaften

Die Rechtsprechung zur Bewertung des Wechselobligos hat geschwankt.

Im Urteil vom 23. 11. 1956[165] ließ der BFH den Abzug des Wechselobligos zu. Zwar komme hierfür keine Rückstellung in Betracht. Das Wechselobligo sei aber als Delkredereposten der wirtschaftlich noch bestehenden Grundforderung anzusehen und mindere daher das Vermögen[166].

Diese Auffassung gab der BFH im Urteil vom 8. 1. 1960[167] auf. Nach diesem Urteil kann eine Rückstellung nur für echte Verbindlichkeiten gebildet werden. Ein anderes Ergebnis folge auch nicht aus dem Gesichtspunkt des Delkrederes. Der Grundsatz der Stichtagsbewertung verbiete es, wegen der Gefahr der Nichteinlösung von zum Diskont weitergegebenen Kundenwechseln eine entsprechende Rückstellung zuzulassen, wenn am Stichtag noch kein Rückgriff genommen worden sei[168]. Ein Delkredere sei schon deshalb nicht möglich, weil wirtschaftlich durch die Wechselannahme die Grundforderung erloschen sei, so daß dafür kein Wertberichtigungsposten gebildet werden könne. Mit dem Stichtagsprinzip sei es nicht zu vereinbaren, mögliche und künftige Haftungsverpflichtungen vermögensmindernd zu berücksichtigen[169]. Derartige Verpflichtungen könnten nur dann als Schuldposten angesehen werden, wenn sie am Stichtag gegen den Haftungsschuldner geltend gemacht worden seien.

Das Urteil vom 2. 1. 1972[170] enthält noch eine weitere Begründung. Danach entsteht die Haftungsschuld aus den diskontierten Wechseln zwar nicht aufschiebend bedingt, da die Haftung nicht von einer Parteivereinbarung abhängt. Wirtschaftlich sei das Unternehmen aber dennoch erst belastet, sobald die Rückgriffsvoraussetzungen vorlägen. Nur diese Auffassung entspreche dem Stichtagsprinzip.

Das Wechselobligo kann nach Auffassung des BFH nur dann vermögensmindernd berücksichtigt werden, wenn der Wechselaussteller mit dem Diskontgeber von vornherein vereinbart, daß die diskontierten Wechsel nicht dem Bezogenen, sondern dem Aussteller zur Zahlung vorgelegt werden[171].

---

[165] BStBl III 1957, 14.

[166] Vgl. auch BFH vom 5. 7. 1957, BStBl III 1957, 297, *298 f.*

[167] BStBl III 1960, 83, *86.*

[168] BStBl III 1960, 83, *86*; so auch BFH vom 7. 10. 1960, BStBl III 1960, 508.

[169] BFH vom 17. 3. 1967, BStBl III 1967, 486, 488 f.; vom 18. 4. 1969, BStBl II 1970, 2, *3*; vom 2. 5. 1969, BStBl II 1969, 700, *701.*

[170] BStBl II 1972, 446, 447.

[171] BFH vom 18. 4. 1969, BStBl II 1970, 2, *4*; vom 16. 7. 1971, BStBl II 1971, 796, 797.

Eine abweichende Meinung hat das Finanzgericht Niedersachsen im Urteil vom 30. 10. 1970[172] vertreten. Das Finanzgericht hat in dem Wechselobligo einen Schuldposten gesehen. Das Haftungsrisiko sei nicht aufschiebend bedingt. Das Stichtagsprinzip, das lediglich die nach dem Bewertungsstichtag eintretenden Änderungen unberücksichtigt lassen wolle, besage zu dem streitigen Punkt nichts, da das Haftungsrisiko schon am Stichtag bestehe. Ein potentieller Erwerber würde das Wechselobligo wertmindernd berücksichtigen. Der Ansatz des Wechselobligos widerspreche schließlich auch nicht dem Grundsatz der Einzelbewertung[173].

Hinsichtlich der Rückstellungen für Bürgschaftsverpflichtungen hat der BFH ebenfalls eine für die Steuerpflichtigen ungünstige Auffassung vertreten. Diese Rückstellungen könnten gemäß § 6 BewG bis zur Inanspruchnahme nicht als Schuldposten anerkannt werden, da sie aufschiebend bedingt seien[174].

cc) Andere Haftungsverpflichtungen

Dagegen hat der BFH im Urteil vom 25. 10. 1951[175] den Abzug von Rückstellungen für solche Ansprüche zugelassen, die aufgrund von Bergschäden nach dem Stichtag entstanden waren, wenn die Schäden auf Abbauarbeiten zurückzuführen waren, die vor dem Stichtag ausgeführt wurden. Ob diese Ansprüche am Stichtag geltend gemacht worden seien, sei unerheblich. Derartige Ansprüche seien nicht aufschiebend bedingt. Sie seien eine schon am Stichtag vorhandene wirtschaftliche Last und, da der Schuldenbegriff des Bewertungsgesetzes wirtschaftlich zu verstehen sei, als Schuldposten abzugsfähig[176].

Auch für die Bewertung von Haftungsansprüchen gegen den Arbeitgeber wegen fehlerhafter Lohnsteuerberechnung ist nach dem BFH-Urteil vom 13. 3. 1964[177] die Geltendmachung belanglos. Da der Arbeitgeber schon vom Zeitpunkt der Entstehung der Lohnsteuerschuld gesamtschuldnerisch hafte, müsse ein entsprechender Schuldposten anerkannt werden.

c) Andere Fälle

Nachstehend werden zur Verdeutlichung des Standpunkts der Rechtsprechung noch einige weitere Fälle aufgeführt, bei denen die Bewertung von Rückstellungen problematisch ist.

---

[172] EFG 1971, 123.
[173] EFG 1971, 123 f.
[174] BFH vom 7. 10. 1960, BStBl III 1960, 508.
[175] BStBl III 1952, 37.
[176] BStBl III 1952, 37, *38*.
[177] BStBl III 1964, 378, *379*.

Nach einhelliger Meinung der Rechtsprechung ist der Reingewinn einer Kapitalgesellschaft kein Schuldposten, wenn der Ausschüttungsbeschluß — wie in der Regel — erst nach dem Stichtag gefaßt wird, auch wenn der Reingewinn später tatsächlich verteilt wird. Der Gewinnanspruch des Kapitaleigners sei bis zur entsprechenden Beschlußfassung aufschiebend bedingt und daher nicht zu berücksichtigen[178].

Gleichwohl wird die Rückstellung für die Körperschaftsteuerschuld nur in der Höhe anerkannt, die sich unter Berücksichtigung der späteren Gewinnausschüttung ergibt[179]. Der Einwand, daß die Körperschaftsteuer am Stichtag mit 51 % des Gewinns entstanden und die Ermäßigung auf 15 % (vgl. § 19 KStG) aufschiebend bedingt sei, vermochte den BFH nicht zu überzeugen. Vielmehr sei die Körperschaftsteuer am Stichtag nur in der Höhe entstanden, in der sie sich aus der einheitlichen Tarifvorschrift des § 19 KStG ergebe[180]. Selbst wenn man insoweit von einer bedingten Steuerschuld ausgehe, sei für die Anwendung des § 6 BewG kein Raum, da es sich um eine vom Gesetzgeber angeordnete Bedingung handele, deren steuerliche Wirkung allein in § 4 StAnpG geregelt sei[181].

Zudem sei die Höhe der Gewinnausschüttung am Stichtag keineswegs völlig ungewiß. Die Organe einer Kapitalgesellschaft könnten auch nach zivilrechtlicher Auffassung den einmal festgestellten Jahresabschluß nicht willkürlich ändern. Mit der Feststellung des Jahresabschlusses habe der Aktionär einen Gewinnanspruch erlangt, der ihm nur mit seiner Zustimmung genommen werden könne[182].

Auch mit Rückstellungen für Tantiemeverpflichtungen hat sich der BFH beschäftigt. Tantiemen, deren Zahlung davon abhänge, daß der Gewinn in einer bestimmten Höhe ausgeschüttet werde, seien aufschiebend bedingt und somit kein Schuldposten[183]. Dies gelte auch für Tantiemen, deren Zahlung in das Ermessen des Vorstandes gestellt sei, falls der diesbezügliche Beschluß erst nach dem Stichtag gefaßt werde[184]. Dagegen sollen Tantiemen, bei denen am Stichtag nur die Höhe ungewiß ist, im vollen Umfange abzugsfähig sein, da hier nur die

---

[178] RFH vom 30. 4. 1930, RStBl 1930, 402, *403;* vom 10. 7. 1930, RStBl 1930, 629; vom 11. 7. 1940, RStBl 1940, 823, 824; vom 13. 11. 1941, RStBl 1942, 43; BFH vom 17. 4. 1964, BStBl III 1964, 380, *381;* vom 9. 7. 1971, BStBl II 1971, 795, *796.*
[179] BFH vom 17. 4. 1964, BStBl III 1964, 380, *381;* vom 9. 7. 1971, BStBl II 1971, 795, 796; vom 26. 5. 1972, BStBl II 1972, 693, *694.*
[180] BFH vom 17. 4. 1964, BStBl II 1964, 380, *381;* vom 9. 1. 1971, BStBl II 1971, 795 f.
[181] BFH vom 26. 5. 1972, BStBl II 1972, 693, *694.*
[182] a.a.O. S. 694, rechte Spalte.
[183] BFH vom 10. 5. 1968, BStBl II 1968, 703 f.
[184] BFH vom 21. 7. 1972, BStBl II 1972, 872, *873.*

Höhe, nicht aber die Entstehung dem Grunde nach aufschiebend bedingt sei[185].

Rückstellungen für Kosten des Jahresabschlusses oder für die Pflichtprüfung werden von der Rechtsprechung nicht als Schuldposten angesehen, da die Posten wirtschaftlich erst nach dem Stichtag anfielen. Dies soll selbst dann gelten, wenn der Prüfungsauftrag schon vor dem Stichtag erteilt worden ist[186].

II. Literatur

Gegen die von der Rechtsprechung entwickelten Grundsätze über die Abzugsfähigkeit von Rückstellungen bzw. Betriebsschulden werden in der Literatur durchweg keine Einwendungen erhoben[187].

1. Zur bedingten Last

Die überwiegende Meinung der Fachautoren folgt der Rechtsprechung darin, daß auch aufschiebend bedingte betriebliche Lasten wegen § 6 BewG nicht berücksichtigt werden dürfen[188]. Der Zweite Teil des Bewertungsgesetzes enthalte keine Regelung über die Behandlung von Schwebezuständen. Daher sei der Erste Teil des Bewertungsgesetzes und damit § 6 BewG anwendbar[189]. Aus dem für die Bewertung des Betriebsvermögens vorgeschriebenen Prinzip der Einzelbewertung folge eine uneingeschränkte Geltung der §§ 4 ff. BewG[190].

Zweck dieser Vorschriften sei es, die Bewertung zu erleichtern[191] bzw. sie auf äußerlich erkennbare Tatsachen zu gründen, um auf diese Weise die praktisch nicht lösbaren Ermittlungsschwierigkeiten der Steuerbehörden zu beseitigen[192]. Wenn auch einzuräumen sei, daß diese Regelung wirtschaftlich nicht ganz befriedige, so müsse dies doch hingenommen werden, da der Gesetzgeber diese Folge bewußt in Kauf genommen habe[193].

---

[185] BFH vom 26. 6. 1970, BStBl II 1970, 735, *736*.

[186] BFH vom 22. 5. 1964, BStBl III 1964, 402; vom 12. 6. 1964, BStBl III 1964, 450, *451*.

[187] Vgl. *Flämig,* Steuer-Kongreß-Report 1968, 309 ff.; *Gürsching* Inf A 1960, 102; *Gürsching / Stenger* § 103 Anm. 11; *Littmann / Förger* S. 229; *Rössler / Troll* § 103 Anm. 8.

[188] *Erler* § 50 Anm. 4; *Gürsching / Stenger* vor §§ 4 bis 8 Anm. 28; § 103 Anm. 43.

[189] *Friedlaender* StuW 1952, 410; *Gürsching* Inf A 1960, 102; *Littmann / Förger* S. 242; *Steinhardt* § 103 Anm. 7; *Stenger* DStZ A 1957, 275.

[190] *Friedlaender* StuW 1963, 352 ff.; *Müller* S. 40; *Peusquens* S. 13 f.

[191] *Seweloh* StuW 1933, 1043.

[192] *Klaus Becker* S. 89; *Gürsching* DStZ A 1951, 362; *Meuschel* StbJb 1957/58, 343 f.

[193] *Stenger* DStZ A 1957, 277.

§ 6 BewG beruhe auf dem Prinzip der statischen Betrachtung[194]. Die wirtschaftliche Betrachtungsweise könne nicht angewandt werden[195].

Diese Auffassung verstoße auch nicht gegen das Teilwertprinzip[196]. Das Teilwertprinzip regele nämlich nur die Frage der Bewertung. Zuvor müsse indessen festgestellt werden, ob ein Wirtschaftsgut überhaupt bewertungsfähig sei. Dies sei bei aufschiebend bedingten Rechten und Lasten gerade nicht der Fall, so daß sich die Ermittlung des Wertansatzes und damit die Anwendung des Teilwertprinzips erübrige[197].

Eine gegenteilige Auffassung vertreten die Autoren, die nicht das Prinzip der Einzelbewertung, sondern das der Gesamtbewertung für maßgeblich halten. Aus dem Grundsatz der Gesamtbewertung folge, daß die §§ 4 ff. BewG bei der Ermittlung des Einheitswerts des Betriebsvermögens nicht anwendbar seien[198]. Diese Meinung geht zurück auf Veiel[199], der seine Auffassung aus dem Teilwertbegriff ableitete: Da die Summe der Teilwerte den Gesamtwert des Unternehmens — allerdings ohne immaterielle Werte — ergeben solle, müßten auch bedingte Lasten berücksichtigt werden, wenn sie das Unternehmen betriebswirtschaftlich belasteten[200]. § 12 BewG (1935) sei somit eine Sondervorschrift zu den §§ 4 bis 8 BewG[201].

Auch Gübbels leitet aus dem Teilwertprinzip ein Gesamtbewertungsprinzip ab und kommt damit zu dem Ergebnis, daß bedingte Schulden zu berücksichtigen seien[202]. Gübbels legt aber nicht dar, warum aus dem Gesamtbewertungsprinzip folge, daß die §§ 4 bis 8 BewG nicht anwendbar seien. Er beruft sich hierfür lediglich auf die Rechtsprechung oder die herrschende Meinung, wonach die §§ 4 bis 8 BewG nur bei der Einzelbewertung gelten sollen[203].

Bis zum Jahre 1960 war Gübbels der Meinung, daß das Prinzip der Gesamtbewertung nur für die Schulden gelte[204]. Diesem Standpunkt folgten Tilemann[205], Felix[206] und v. Ruckteschell-Weisse[207].

---

[194] *Friedlaender* StuW 1963, 340 f.; *Littmann / Förger* S. 249; *Meuschel* StbJb 1957/58, 343.

[195] *Flämig*, Steuer-Kongreß-Report 1968, 313; *Friedlaender* StuW 1963, 341; *Maaßen* FR 1960, 200; ders. StbJb 1961/62, 342; vgl. auch *Peusquens* S. 35.

[196] *Flämig*, Steuer-Kongreß-Report 1968, 311 f.; *Peusquens* S. 13 f.

[197] *Maaßen* FR 1960, 200; *Seweloh* StuW 1933, 1043.

[198] *Gübbels* FR 1965, 295; ders. FR 1967, 249; ders. StbJb 1960/61, 336 ff.; *Lohnert* BB 1969, 793 f.; *Steinberg* StBp 1967, 125.

[199] StuW 1941, 23 ff.

[200] StuW 1941, 23 ff.

[201] StuW 1941, 27 f.; zustimmend *Gödde* StuW 1948, 346 ff.

[202] Vgl. oben zweites Kapitel B II.

[203] Vgl. insbesondere FR 1967, 249 und FR 1969, 31. In FR 1958, 35, beruft sich Gübbels auf die amtliche Begründung zur AO 1919.

4*

Tilemann stützt seine Meinung durch einen Vergleich mit § 53 a
BewDV. Diese Norm untersage den Abzug noch nicht entstandener
Steuerschulden, was entbehrlich gewesen wäre, wenn bedingte Lasten
ohnehin nicht abzugsfähig wären[208]. Auch aus dem Teilwertprinzip
folge, daß bedingte Schulden und Lasten berücksichtigt werden
müßten[209].

Felix begründet seine Auffassung mit dem Zweck der Vermögensteuer. Diese sei eine nominelle Vermögensteuer. Daher zwinge sich
der Schluß auf, „ertragsbezügliche Tatbestände, wie sie Rückstellungen
darstellen", als „steuererheblich" anzusehen[210].

Boettcher[211], Müller[212] und Weyer[213] hingegen sind der herrschenden
Meinung zwar darin gefolgt, daß für die Bewertung des Betriebsvermögens das Prinzip der Einzelbewertung gelte. Gleichwohl müßten
aber auch bedingte Schulden berücksichtigt werden[214].

Nach Müller kennt der Teilwertbegriff keine Unterscheidung von
bedingten und unbedingten Lasten, so daß §§ 4 ff. BewG unanwendbar
seien. Das Stichtagsprinzip besage zu diesem Problem nichts[215].

Auch Weyer sieht in § 12 BewG 1935 eine Sondervorschrift zu den
§§ 4 bis 8 BewG. Das Stichtagsprinzip verlange ebenfalls, daß Schwebe-
zustände berücksichtigt werden müßten[216]. Bis zum Erlaß des BewG
1925 seien nach einhelliger Meinung die §§ 4 bis 8 BewG nicht anzuwenden gewesen. Die Einzelbewertung nach dem Teilwert habe inso-

---

[204] Vgl. oben zweites Kapitel B II.

[205] BB 1958, 53.

[206] DStR 1963, 279.

[207] IFuSt Heft 45 S. 44 f.

[208] BB 1958, 56 f.

[209] BB 1958, 54 f.

[210] DStR 1963, 279. Vgl. auch *Flämig*, Steuer-Kongreß-Report 1968, 315 f.,
der mit dieser Begründung die Berücksichtigung von Rückstellungen de
lege ferenda fordert.

[211] StuW 1949, 475 f.

[212] StbJb 1960/61, 288 f.

[213] S. 104 und FR 1967, 340.

[214] *Boettcher* StuW 1949, 475 f. In StuW 1950, 409 kritisiert er die Rechtsprechung: „Man hat den Eindruck, daß in allen Fällen die Entscheidung zu
Ungunsten des Pflichtigen erfolgt. Eine Wahrscheinlichkeitsbetrachtung wird
nur angestellt, wenn sie (wie es bei der auflösend bedingten Verpflichtung
der Fall ist) zu einer geringeren Bewertung der Verpflichtung führt. Da, wo
die Wahrscheinlichkeitsbetrachtung sich günstiger auswirken würde, nämlich im Falle der Bewertung einer aufschiebend bedingten Verpflichtung,
unterbleibt eine Berücksichtigung der Wahrscheinlichkeit des Eintritts der
Bedingung."

[215] StbJb 1960/61, 288 f.

[216] S. 83.

weit keine Neuerung gebracht[217]. Auch ein Erwerber würde aufschiebend bedingte Lasten berücksichtigen. § 109 BewG schließe als Vorschrift des Zweiten Teils gemäß §§ 1 Abs. 2, 17, Abs. 3 BewG die dem Teilwertgedanken widersprechenden Bestimmungen der §§ 4 ff. BewG aus[218].

Schließlich ist die herrschende Meinung von Mutze kritisiert worden. Er meint, die Tatsache, daß bedingte Lasten nicht berücksichtigt würden, führe zu einem unzutreffenden Gesamtwert. Hierdurch werde „Nichtvermögen" zur Vermögensteuer herangezogen[219].

Eine im Ergebnis dazwischenliegende Auffassung haben Enno Becker, Spitaler und Hüttel vertreten.

Da — so Enno Becker — die Gegenstände mit dem Wert anzusetzen seien, den sie für den Betrieb haben, müßten aufschiebend bedingte Lasten unter Umständen doch berücksichtigt werden; Enno Becker hat allerdings nicht fixiert, wie dies zu geschehen habe[220].

Für Spitaler ist die wirtschaftliche Betrachtungsweise auch im Bewertungsrecht zwingend vorgeschrieben. Dies führe zwar nicht dazu, daß eine einzelne aufschiebend bedingte Last berücksichtigt werden müsse. Aber bei einer Vielzahl von aufschiebend bedingten, zukünftigen Lasten bewirke die wirtschaftliche Betrachtungsweise, daß eine im Schätzungswege zu ermittelnde, gegenwärtige Last anzusetzen sei[221].

Hüttel folgt der herrschenden Meinung sowohl in der Begründung als auch im Ergebnis. Er will jedoch bei der Bewertung bedingter Lasten einen von ihm so bezeichneten „Wahrscheinlichkeitsumkehrungsfaktor" berücksichtigen[222]. Damit meint er, daß bei der Entscheidung dieser Frage das Maß der Wahrscheinlichkeit des Bedingungseintritts berücksichtigt werden müsse. Wenn diese Wahrscheinlichkeit sehr groß sei, dann würde der Wahrscheinlichkeitsumkehrungsfaktor eine Umqualifizierung der aufschiebend bedingten Last zu einer auflösend bedingten Last bewirken.

2. Zu Einzelfällen

Überdies sind noch manche Abweichungen im Detail zu registrieren. So vertritt Müller[223] die Auffassung, Verbindlichkeiten aus Pensions-

---

[217] S. 104 und FR 1967, 340.

[218] FR 1967, 337.

[219] DB 1966, Beilage 4, S. 3.

[220] StuW 1926, 213. In StuW 1930, 586 f. meint Enno Becker, daß die Bedingtheit eines Rechts ein Umstand neben vielen sei, der bei der Bewertung zu berücksichtigen sei. Fraglich sei, ob die Aufgabe der Gesamtbewertung hieran etwas geändert habe.

[221] FR 1961, 107.

[222] S. 42 f.; 64, 66.

zusagen seien nicht — wie vom BFH erkannt — aufschiebend, sondern auflösend bedingt und daher als Schuldposten absetzbar. Hüttel[224] hingegen sieht darin aufschiebend bedingte Lasten und hält auch eine analoge Anwendung des § 103 BewG nicht für möglich, so daß Pensionszusagen vor Erlaß der gesetzlichen Neuregelung nicht berücksichtigt werden könnten. Für Stenner[225] sind die Pensionsverpflichtungen, da eine tatsächliche Belastung bestehe, „negative Wertträger" und daher als „negative Wirtschaftsgüter" abzugsfähig.

Auch hinsichtlich der Rückstellungen für Gewährleistungsverpflichtungen stimmen der Rechtsprechung nicht alle Autoren zu. Schon Veiel[226] sah — dem Teilwertprinzip folgend — darin Betriebschulden. Auch Horn[227] will sie mit dem in der Steuerbilanz angesetzten Wert berücksichtigen, da der Teilwertbegriff des Einkommensteuerrechts und der des Bewertungsrechts gleich seien. Steinberg[228] sieht diese Rückstellungen schon wegen des von ihm vertretenen Prinzips der Gesamtbewertung als Schuldposten an. Nach Hüttel[229] sind die Gewährleistungsansprüche zivilrechtlich nicht aufschiebend bedingt und daher abzugsfähig, sobald dem Unternehmer Mängel bekannt werden. Müller[230] sieht darin auflösend bedingte Schulden, die gemäß § 7 BewG voll absetzbar seien. Für Peusquens[231] wiederum sind die Gewährleistungsverpflichtungen *steuerlich* aufschiebend bedingt und daher keine Schuldposten. Friedlaender[232] geht zwar davon aus, daß die Verpflichtungen zivilrechtlich nicht aufschiebend bedingt seien. Die Nichtabzugsfähigkeit folge indessen aus dem Stichtagsprinzip.

Widerspruch hat schließlich auch die Auffassung der Rechtsprechung gefunden, wonach die Körperschaftsteuerschuld bei Kapitalgesellschaften nur in der sich unter Berücksichtigung der späteren Ausschüttung ergebenden Höhe als Schuldposten anerkannt wird[233]. Spital-Frenking[234] meint, daß kraft Gesetzes eine Steuerschuld in Höhe von 51 % entstanden sei, da am Stichtag der Ausschüttungsbeschluß noch nicht vorliege.

---

[223] StbJb 1957/58, 370.
[224] S. 51 f.
[225] S. 23.
[226] StuW 1941, 29.
[227] BB 1960, 319 f.
[228] StBp 1967, 125.
[229] S. 27.
[230] StbJb 1957/58, 379 f.
[231] S. 49.
[232] StuW 1963, 344 ff.
[233] Wie der BFH auch *Maaßen* StbJb 1961/62, 345 f.; *Mocker* BB 1972, 266.
[234] DB 1970, 17 f.; ders. DB 1972, 1796.

Der spätere Beschluß wirke bewertungsrechtlich nicht zurück, so daß die Körperschaftsteuerschuld in voller Höhe absetzbar sei.

Nach Martin ist es logisch nur möglich, entweder die Körperschaftsteuer mit 51 % und keine Dividende oder die Körperschaftsteuer mit 15 % und dafür die spätere Dividendenzahlung als Schuld anzusetzen. Da das BewG beide Lösungen nicht zulasse, sei § 105 BewG wegen Verstoßes gegen Art. 3 I GG verfassungswidrig[235].

---

[235] FR 1972, 358, 361.

Viertes Kapitel

Ableitung der eigenen Auffassung

A. Kritische Untersuchung des Problemkreises
Einzel- oder Gesamtbewertung

Da Rechtsprechung und Literatur der Frage, ob das Betriebsvermögen nach dem Grundsatz der Einzelbewertung oder dem der Gesamtbewertung zu bewerten ist, zentrale Bedeutung beimessen, ist es angezeigt, diesem Problem zuerst nachzugehen, dies auch eingedenk der Möglichkeit, daß sich die Kontroverse Einzel- oder Gesamtbewertung als irrelevant herausstellen könnte.

I. Ableitung aus der Entstehungsgeschichte

Um den Problemkreis Einzel - Gesamtbewertung auszuleuchten und einer Problemlösung näher zu kommen, ist es tunlich, zunächst die Entstehungsgeschichte aufzuzeigen.

Das Prinzip der Gesamtbewertung geht auf die Rechtsprechung des Preußischen Oberverwaltungsgerichts (OVG) zurück, das — vgl. insbesondere die Urteile vom 29. 5. 1896[1] und vom 17. 5. 1897[2] — als der eigentliche Schöpfer der Lehre von der Gesamtbewertung angesehen werden muß[3].

Das OVG hatte in diesen Urteilen zur Unternehmensbewertung nach dem Preußischen Ergänzungsteuergesetz[4] (= Vermögensteuergesetz) Stellung zu nehmen. Bemessungsgrundlage der Preußischen Ergänzungsteuer war der gemeine Wert der einzelnen Teile des einem Gewerbe dienenden Anlage- oder Betriebskapitals (§§ 9, 4 ErgStG). Nach Art. 12 Nr. 1 Abs. IV der Ausführungsanweisungen[5] zu diesem Gesetz war indessen nur der Wert der materiellen Betriebsmittel, nicht aber ein immaterieller Wert anzusetzen. Das Gesetz enthielt keine Rege-

---

[1] OVGSt Bd. 5, 117.
[2] OVGSt Bd. 6, 30, *34*.
[3] Vgl. *Lion*, StuW 1925, 735.
[4] Vom 14. 7. 1893, Gesetzsammlung 1893, S. 134.
[5] Bei *Fuisting* (ErgStG) S. 217.

lung darüber, ob das Betriebsvermögen als wirtschaftliche Einheit oder als Summe der Werte seiner Einzelteile zu erfassen sei[6].

Im Urteil vom 29. 5. 1896[7] führte das OVG aus:

„Bei Gewerbebetrieben bildet den Gegenstand der Ergänzungsbesteuerung das gewerbliche Anlage- und Betriebskapital in seiner Gesammtheit. Die einzelnen Bestandtheile des Anlage- und Betriebskapitals dürfen nicht je für sich gesondert und nach Rücksichten der Verwendung zu anderen Zwecken bewerthet werden, sondern kommen bei der Bewerthung der Gesammtheit des Anlage- und Betriebskapitals nur als Rechnungsfaktoren unter Berücksichtigung ihrer gegenwärtigen Verwendung in Betracht."

Im Urteil vom 17. 5. 1897[8] wurde dieser Gedanke fortgeführt:

„Indessen bildet keineswegs die Summe der Einzelwerthe ohne Weiteres den maßgebenden Gesammtwerth des Anlage- und Betriebskapitals; vielmehr ist der Verkehrswerth der Gesammtheit als eines einheitlichen Steuerobjekts zu ermitteln. Wenn zunächst die einzelnen Theile zu bewerthen sind, so hat dies nur den Zweck der Gewinnung von Rechnungsfaktoren und Unterlagen, da sich ohne solche Feststellungen eine Bewerthung im Ganzen kaum vornehmen läßt."

Die „Rechnungsfaktoren" seien nun keineswegs mit den Einzelwerten identisch, da sich dann dieses Verfahren von dem der Einzelbewertung im Ergebnis nicht unterscheiden würde. Der Wert dieser Rechnungsfaktoren sei vielmehr unter Berücksichtigung der Tatsache zu ermitteln, daß der betreffende Gegenstand dem Betrieb diene. Diese Auffassung ergibt sich insbesondere aus folgenden Sätzen des Urteils[9]:

„So wird z. B. eine auf dem Lande belegene und mit hohem Gewinne betriebene Fabrik als solche nicht nur für den gegenwärtigen, sondern für jeden mit den erforderlichen Fähigkeiten und Geldmitteln versehenen Besitzer einen verhältnismäßig hohen Werth haben, während sich bei Auflösung der Fabrik aus dem Verkaufe der einzelnen Immobilien, Maschinen, Betriebsgeräthschaften usw. vielleicht nur ein ganz geringfügiger Erlös erzielen lassen würde."

Die vom OVG geforderte Bewertungsmethode der Gesamtbewertung beinhaltete also zweierlei:

1. Die einzelnen Gegenstände des Betriebsvermögens seien nur Rechnungsfaktoren zur Ermittlung des Gesamtwerts.

2. Diese Wirtschaftsgüter seien nicht mit ihren Einzelwerten, sondern mit dem Wert anzusetzen, den sie für den Betrieb haben.

---

[6] Vgl. *Huffmann* S. 32.

[7] Abgedruckt in einer Anmerkung zur Entscheidung vom 30. 4. 1896, OVGSt Bd. 5, 117.

[8] OVGSt Bd. 6, 30, *34*; so auch OVG vom 29. 1. 1916, OVGSt Bd. 17, 325, 327.

[9] OVGSt Bd. 6, 36.

Der zweite Gesichtspunkt war entscheidend; er führte zu einem von der Einzelbewertung abweichenden Ergebnis. Das OVG wollte den wirklichen Wert des Betriebes ermitteln. Um dies zu erreichen, wählte es den Weg der Bewertung der wirtschaftlichen Einheit des Betriebsvermögens unter Berücksichtigung der Werte der einzelnen Wirtschaftsgüter als Rechnungsfaktoren[10].

An dieser Stelle wird schon klar, daß das vom OVG aufgestellte Prinzip der Gesamtbewertung in erster Linie eine Frage des Bewertungsmaßstabs war.

An diese vom OVG entwickelten Grundsätze knüpften die Bewertungsvorschriften der Reichsabgabenordnung von 1919 an; § 137 Abs. 2 AO 1919 lautete:

„Jede wirtschaftliche Einheit ist für sich zu bewerten und der Wert im ganzen festzustellen . . ."

In der amtlichen Begründung heißt es dazu[11]:

„Abgesehen von diesen Fällen liegt die Sache für das Steuerrecht anders, da es grundsätzlich darauf ankommt, den gemeinen Wert einer wirtschaftlichen Einheit, also z. B. des gesamten kaufmännischen Unternehmens, im ganzen zu erfassen. Die einzelnen Gegenstände, die zu dem Unternehmen gehören, bilden nur Rechnungsposten der Gesamtrechnung. Das schließt natürlich nicht aus, daß sie, wie z. B. börsengängige Wertpapiere, die zu einem Unternehmen gehören, auch in der Gesamtrechnung mit ihren Einzelwerten berücksichtigt werden, aber der Ausgangspunkt ist verschieden und führt in der Regel zu verschiedenen Ergebnissen."

Aus § 139 Abs. 1 AO 1919 ergab sich, daß nicht der Liquidationswert des Unternehmens und damit die Summe der Einzelwerte, sondern der Wert des lebenden Unternehmens maßgebend sein sollte[12].

§§ 137, 139 Abs. 1 AO 1919 kodifizierten den vom OVG entwickelten Grundsatz, daß bei der Ermittlung eines Unternehmenswertes nicht die Einzelveräußerungspreise der einzelnen Wirtschaftsgüter maßgebend sein könnten[13].

Auch die von der AO 1919 geforderte Methode der Gesamtbewertung war von ihrer Zielsetzung her weniger eine Bewertungsmethode als ein Bewertungsmaßstab. Es sollte ausgeschlossen werden, daß die Einzelwerte zur Grundlage der Bewertung gemacht würden.

---

[10] Vgl. *Huffmann* S. 35.

[11] Amtliche Begründung S. 589.

[12] § 139 Abs. 1 AO: „Bei der Bewertung von Vermögen, das einem Unternehmen gewidmet ist, wird in der Regel von der Voraussetzung ausgegangen, daß das Unternehmen bei der Veräußerung nicht aufgelöst, sondern weitergeführt wird."

[13] Vgl. *Enno Becker* (RAO) § 137 Anm. 8.

Allerdings wurde in der 3. Lesung der Nationalversammlung auf Antrag von Kreisen der Industrie[14] zu § 139 AO ein Absatz 2 aufgenommen, der folgenden Wortlaut hatte:

„Für die Bewertung der dauernd dem Betriebe gewidmeten Gegenstände ist der Anschaffungs- oder Herstellungspreis abzüglich angemessener Absetzung maßgebend unter Zulassung des Ansatzes eines niedrigeren Wertes, wenn er dem wirklichen Werte z. Z. der Bilanzaufstellung entspricht."

Diese Vorschrift, die mit dem oben skizzierten Bewertungsmaßstab nicht zu vereinbaren ist, wurde während ihrer Geltung lebhaft kritisiert[15]. Da sie jedoch nur kurze Zeit praktische Geltung hatte und jedenfalls die damals herrschende Meinung darin keine Änderung der Bewertungsmethode sah[16], braucht hierauf nicht weiter eingegangen zu werden. Erwähnenswert war diese Norm auch nur deshalb, weil im Entwurf des nächsten einschlägigen Gesetzes, des Vermögensteuergesetzes 1922, ihre Abschaffung gefordert wurde[17]. Dieser Entwurf wurde zwar nicht Gesetz. Er leitete indessen eine Entwicklung ein, an deren Ende die heute geltenden Bewertungsvorschriften stehen.

Da überdies die Auffassung vertreten wird, daß das VStG 1922 das Prinzip der Einzelbewertung begründet habe[18], ist es angezeigt, der Entstehung dieses Gesetzes nachzugehen. Der Regierungsentwurf, insbesondere § 16, ging unzweifelhaft von dem Prinzip der Gesamtbewertung aus[19]. In der ersten Lesung des 11. Ausschusses des Reichstages wurde zu § 16 des Entwurfs eine Fülle verschiedener Anträge gestellt, die alle mehr oder weniger das Ziel hatten, einen niedrigeren Wert maßgebend sein zu lassen, als er sich bei der Gesamtbewertung ergeben würde. Zum methodischen Ansatz hatten diese Anträge indessen ausnahmslos keinen Bezug[20]. Im Schwerpunkt der Erörterungen stand das Problem, ob die Wirtschaftsgüter des Anlagevermögens, wie in § 139 Abs. 2 AO vorgesehen, mit dem Anschaffungspreis abzüglich Ab-

---

[14] Vgl. *Mrozek* § 139 Anm. 1.

[15] Vgl. *Huffmann* S. 53 f.; *Lion* (Bilanzsteuerrecht) S. 224; *Schmalenbach* S. 39.

[16] Vgl. RFH vom 25. 11. 1921, StuW 1922, Nr. 149, S. 242 f.; *Strutz* (VStG 1922) S. 206 f.; vgl. auch *Huffmann* S. 51 ff.

[17] § 16 Abs. 1 des Regierungsentwurfs zum VStG 1922 (a.a.O. S. 6) lautete: „Bei der Bewertung des Vermögens gelten die Vorschriften der Reichsabgabenordnung über die Wertermittlung; § 139 Abs. 2, § 152 Abs. 2 bis 6 der Reichsabgabenordnung finden keine Anwendung."

[18] Vgl. *Groh* FR 1973, 282.

[19] Vgl. Bericht über die zweite Lesung, S. 3818, linke Spalte, wo ein Regierungsvertreter ausführt: „Im übrigen übersähe der Antrag, daß nicht jeder einzelne Vermögensgegenstand eines Erwerbsunternehmens für sich zu bewerten sei, sondern daß zunächst nach § 137 der AO eine Gesamtbewertung zu erfolgen habe."

[20] Vgl. Bericht über die erste Lesung des 11. Ausschusses S. 3785 ff., insbesondere S. 3800 ff.

schreibungen oder mit dem gemeinen Wert oder mit einem Zwischenwert anzusetzen seien.

Die Frage, ob diese Werte Rechnungsfaktoren zur Ermittlung eines Gesamtwertes oder selbständig zu bewertende Gegenstände sein sollten, wurde nicht gestellt. Ganz offenbar ging aber niemand davon aus, daß eine sinnvolle Unternehmensbewertung in der Weise möglich sei, daß die Wirtschaftsgüter des Anlagevermögens mit ihren Einzelveräußerungspreisen angesetzt würden. Auch in der zweiten Lesung des 11. Ausschusses ergab sich in dieser Beziehung keine Abweichung[21], wie aus der vom Ausschuß beschlossenen Fassung des § 16 Abs. 1 und 4 (= § 15 Abs. 1 und 4 des endgültigen Gesetzes)[22] und aus den Materialien[23] hervorgeht.

---

[21] Vgl. S. 3817.

[22] Abs. 1: „Bei Bewertung des Vermögens gelten die Vorschriften der Reichsabgabenordnung über die Wertermittlung mit nachfolgenden ergänzenden Bestimmungen."

Abs. 2 und 3: . . .

Abs. 4: „Für die dauernd dem Betrieb gewidmeten Gegenstände hat eine von § 139 Abs. 2 der Reichsabgabenordnung abweichende Bewertung stattzufinden, wenn und soweit infolge der Entwicklung der Wirtschaftsverhältnisse ein höherer dauernder Wert anzunehmen ist. Die Feststellung der Werterhöhung von einzelnen Betriebsgegenständen hat unter Berücksichtigung der Einheit des ganzen Unternehmens und der Annahme der Weiterführung des Betriebs zu erfolgen. Als dauernd dem Betriebe gewidmete Gegenstände gelten auch dauernde Beteiligungen an Betriebsunternehmungen."

[23] Diese Vorschrift wurde wie folgt begründet (S. 3805): „Die Antragsteller hätten sich grundsätzlich auf den Boden der Reichsabgabenordnung gestellt, welche den gemeinen Wert zugrunde lege, der aber nicht schlechthin mit dem Veräußerungspreis identisch sei. Der § 139 Abs. 2 R.A.O. schreibe jedoch für die dauernd dem Betriebe gewidmeten Gegenstände vor, daß der „Anschaffungs- oder Herstellungswert abzüglich angemessener Abnutzung maßgebend" sei. Es werde anerkannt, daß diese Vorschrift unter den heutigen wirtschaftlichen Verhältnissen für die vor der Geldentwertung errichteten Anlagen billigerweise nicht uneingeschränkt aufrecht erhalten werden könne, daß vielmehr die Möglichkeit gegeben werden müsse, diese Anlagen höher zu bewerten, falls infolge der wirtschaftlichen Verhältnisse ein dauernder höherer Wert als gegeben anzunehmen sei. Dadurch solle aber nicht etwa eine Heraufsetzung auf den Veräußerungswert stattfinden. Selbstverständlich sei auch, daß bei den Gegenständen des Betriebsvermögens, welche z. Z. der Geldentwertung, also zu Papiermarkpreisen, angeschafft oder errichtet worden seien, auch nicht der Anschaffungs- oder Herstellungspreis zugrunde gelegt werden könne, ein Standpunkt, dem ja auch von dem Regierungsvertreter hier im Ausschuß beigestimmt worden sei . . . Er verweise in dieser Hinsicht besonders auf § 137 Abs. 2, wonach der Wert der wirtschaftlichen Einheit im ganzen festzustellen sei, insbesondere auch auf § 138 Abs. 1 letzter Satz, wonach „ungewöhnliche Verhältnisse" bei der Bewertung nicht zu berücksichtigen seien . . . Endlich verweise er dieserhalb auch auf § 139 Abs. 1, wonach bei der Bewertung des Vermögens, das einem Unternehmen gewidmet sei, in der Regel von der Voraussetzung ausgegangen werden solle, daß das Unternehmen bei der Veräußerung nicht aufgelöst, sondern im ganzen weitergeführt werde."

Abgesehen davon, daß durch § 15 Abs. 4 VStG 1922 ein etwas umständlicher Weg der Bewertung vorgeschrieben wurde[24], fand man hier alles wieder, was auch schon das OVG als maßgebend angesehen hatte. Auch nach dem VStG 1922 war im Regelfall der Wert der einzelnen Wirtschaftsgüter als Bestandteil der Einheit des ganzen Unternehmens zu ermitteln[25]. Das Ziel, das das OVG mit seiner Gesamtbewertung erreichen wollte, wurde auch durch § 15 VStG 1922 angestrebt[26].

Das VStG 1922 wurde allerdings wegen der fortschreitenden Inflation, die gerade eine Vermögensbesteuerung erheblich tangiert, niemals praktisch durchgeführt[27]. Durch die II. Steuernotverordnung vom 19. 12. 1923[28] wurde eine neue Vermögensteuerveranlagung angeordnet, die von einem anderen Bewertungsmaßstab ausging. Nach Art. II § 3 dieses Gesetzes war das Anlagevermögen mit dem Preis zu bewerten, der Ende 1913 zur Anschaffung oder Herstellung aufzuwenden gewesen wäre, abzüglich einer angemessenen Abschreibung.

Damit wurde erstmals der vom OVG erarbeitete Bewertungsmaßstab aufgegeben. Die Absichten, die den Gesetzgeber hierzu bewogen, lassen sich mangels jedweden amtlichen Materials nicht feststellen[29]. Bei der Beurteilung dieses Gesetzes ist indessen die außerordentliche Situation, in der es erlassen wurde, zu berücksichtigen. Durch die Inflation war jeder vernünftige Wertmaßstab verlorengegangen, und nur langsam konnten sich die Verhältnisse stabilisieren. Im Hinblick hierauf und auch unter dem Aspekt, daß dieses Gesetz nur für 1924 gegolten hat[30], braucht das VStG 1924 nicht weiter erörtert zu werden. Festzuhalten ist nur, daß dieses Gesetz zwar den vom OVG begründeten Bewertungsmaßstab aufgegeben hat, sich zur Bewertungsmethode — Einzel- oder Gesamtbewertungsverfahren — indessen nicht geäußert hat[31].

---

[24] Erst ist nach § 139 Abs. 2 AO der Anschaffungspreis abzüglich Abschreibungen zu ermitteln. Dieser Wert ist mit dem „dauernden Wert" zu vergleichen. Der höhere Wert ist maßgebend. Dies ist regelmäßig der dauernde Wert, so daß der Wert nach § 139 Abs. 2 AO nur selten praktisch geworden wäre.

[25] Vgl. *Strutz* (VStG 1922) § 15 Anm. 28, wonach sich § 15 VStG von § 137 Abs. 2 AO nicht wesentlich unterscheidet.

[26] Vgl. *Huffmann* S. 56, der meint, daß diese Vorschrift einen Fortschritt auf dem Wege der Gesamtbewertung darstelle.

[27] Vgl. *Thümen* S. 1.

[28] RGBl I 1923, 1205.

[29] Vgl. *Huffmann* S. 56.

[30] Vgl. *Beuck* (VStG) S. 11 f.

[31] Anderer Meinung ist *Huffmann* S. 56 f., für den dieses Gesetz die Methode der Gesamtbewertung aufgegeben und das Prinzip der Einzelbewertung eingeführt hat.

Das RBewG 1925[32] kehrte jedenfalls zu dem vom OVG begründeten Bewertungsmaßstab zurück, denn in § 31 wurde bestimmt:

„(1) Für die Bewertung der Gegenstände des Betriebsvermögens gelten die Vorschriften der Reichsabgabenordnung, insbesondere § 137 Abs. 1, § 138 über die Zugrundelegung des gemeinen Wertes; § 139 Abs. 2 der Reichsabgabenordnung findet keine Anwendung.

(2) Dem Gesichtspunkt der Gesamtbewertung gemäß § 137 Abs. 2, § 139 Abs. 1 der Reichsabgabenordnung ist bei der Ermittlung des gemeinen Wertes der einzelnen Gegenstände in der Weise Rechnung zu tragen, daß diese mit dem Werte angesetzt werden, den sie unter der Voraussetzung der Fortführung des Betriebes für den Betrieb haben.

(3) ...

(4) ...

(5) Der Gesamtwert des Betriebes darf nicht hinter der Summe der sich für die einzelnen Gegenstände aus Abs. 1 bis 4 ergebenden Werte, vermindert um die Schulden und Rücklagen (§ 28) des Betriebs, zurückbleiben."

Die amtliche Begründung führte dazu aus[33]:

„Unter dem Gesichtspunkt der Gesamtbewertung kommt vielmehr für den einzelnen Gegenstand nur der Wert in Frage, den er im Rahmen des Betriebs unter der Voraussetzung der Fortführung des Betriebs hat. ... Da der Gesichtspunkt der Gesamtbewertung bereits bei der Ermittlung des Wertes der einzelnen Gegenstände Berücksichtigung findet, muß die Summe der so bewerteten einzelnen Gegenstände den wirklichen Gesamtwert erbringen."

Insbesondere § 31 Abs. 2 RBewG 1925 führte den vom OVG begründeten Bewertungsmaßstab fort. Es waren danach nicht die Einzelveräußerungspreise maßgebend. Vielmehr mußte auf die Tatsache der Betriebszugehörigkeit abgestellt werden. Der verfehlte § 139 Abs. 2 AO, der dies nicht ausreichend berücksichtigt hatte, galt nicht mehr.

Das RBewG 1925 wich freilich ab von dem ebenfalls vom OVG entwickelten Gesichtspunkt, daß die Werte der einzelnen Gegenstände lediglich Rechnungsposten zur Ermittlung des Gesamtwerts seien und daß der Gesamtwert unter Umständen auch in anderer Weise, z. B. aus Verkäufen, abgeleitet werden könne. Vielmehr war danach der Unternehmenswert stets als Summe der Werte der einzelnen Wirtschaftsgüter zu ermitteln.

Das RBewG 1925 wurde durch die Steuernotverordnung vom 1. 12. 1930[34] geändert und als RBewG 1931[35] veröffentlicht. Durch dieses Ge-

---

[32] RGBl I 1925, 214.
[33] Amtliche Begründung S. 40.
[34] RGBl I 1930, 517.
[35] RGBl I 1931, 222.

setz änderte sich indessen für die Bewertung nicht eben viel[36]. Die nunmehr maßgebenden Vorschriften lauteten:

§ 2: „Jede wirtschaftliche Einheit ist für sich zu bewerten und ihr Wert im ganzen festzustellen. Was als wirtschaftliche Einheit zu gelten hat, ist nach den Anschauungen des Verkehrs zu entscheiden; die örtliche Gewohnheit, die tatsächliche Übung sowie die Zweckbestimmung und wirtschaftliche Zusammengehörigkeit oder Abhängigkeit der einzelnen Gegenstände sind zu berücksichtigen. Mehrere Gegenstände kommen als wirtschaftliche Einheit nur insoweit in Betracht, als sie demselben Eigentümer gehören. Die Vorschriften der Sätze 1 bis 3 finden keine Anwendung, soweit eine Bewertung der einzelnen Gegenstände vorgeschrieben ist."

§ 14: „Bei der Bewertung von Vermögensgegenständen, die einem Unternehmen gewidmet sind, wird in der Regel von der Voraussetzung ausgegangen, daß das Unternehmen bei der Veräußerung nicht aufgelöst, sondern weitergeführt wird."

§ 50: „(1) Für die Bewertung der Gegenstände des Betriebsvermögens gelten die Vorschriften des Ersten Teils dieses Gesetzes, insbesondere §§ 9 und 10, über die Zugrundelegung des gemeinen Wertes.

(2) Dem Gesichtspunkt der Gesamtbewertung gemäß § 2 Satz 1, 2, § 14 ist bei der Ermittlung des gemeinen Werts der einzelnen Gegenstände in der Weise Rechnung zu tragen, daß diese mit dem Wert angesetzt werden, den sie unter der Voraussetzung der Fortführung des Betriebes für den Betrieb haben.

(3) . . .

(4) . . .

(5) Der Gesamtwert des Betriebes darf nicht hinter der Summe der sich für die einzelnen Gegenstände aus Abs. 1 bis 4 ergebenden Werte, vermindert um die Schulden und Rücklagen (§ 47) des Betriebes, zurückbleiben."

Insbesondere § 50 entsprach sachlich weitgehend dem § 31 RBewG 1925. Nach wie vor galt der Grundsatz, daß bei der Unternehmensbewertung nicht der Einzelveräußerungspreis der einzelnen Wirtschaftsgüter maßgebend sei. Änderungen wurden im wesentlichen dadurch ausgelöst, daß alle die Bewertung betreffenden Vorschriften der AO in das BewG übernommen wurden.

Auch das BewG 1935[37] übernahm als Bewertungsmaßstab den von der Rechtsprechung[38] entwickelten Begriff des Teilwerts. Eine sachliche Änderung wurde nicht bezweckt[39]. Auch die Bewertungsmethode hatte sich nicht geändert[40]. § 66 BewG 1935 entsprach weitgehend dem oben zitierten § 50 BewG 1931.

---

[36] Vgl. *Dziegalowski / Thümen* S. 6.

[37] RGBl 1934 I 1035.

[38] RFH vom 14. 12. 1926, Bd. 20, 87, *88 f.*

[39] Vgl. amtliche Begründung RStBl 1935, 161, *162.*

Das BewG 1965 brachte in dieser Frage ebenfalls keine Änderung. § 109 BewG entspricht wörtlich dem § 66 BewG 1935.

Aus dieser Entstehungsgeschichte ergibt sich folgendes: Das OVG hatte zur Bewertung des Betriebsvermögens die Theorie der Gesamtbewertung entwickelt. Für das OVG war die Gesamtbewertung indessen sowohl eine Bewertungsmethode als auch ein Bewertungsmaßstab[41].

Die Bewertungsmethode verlangte, daß das Betriebsvermögen als ganzes bewertet werden mußte. Soweit der Gesamtwert nicht aus Verkäufen ableitbar war, sollten zwar die einzelnen Gegenstände des Betriebsvermögens zur Wertermittlung herangezogen werden. Die Werte dieser Gegenstände wurden indessen nur als Rechnungsfaktoren angesehen.

Dieses Prinzip, das im folgenden allein als die Methode der Gesamtbewertung bezeichnet wird, war noch für die Bewertung nach der AO 1919 und wohl auch noch nach dem VStG 1922 maßgebend. Seit dem Inkrafttreten des RBewG 1925 galt diese Methode nicht mehr, wie von der herrschenden Meinung immer wieder betont worden ist.

Das Entscheidende der vom OVG begründeten Gesamtbewertung war indessen der Bewertungsmaßstab. Das OVG erkannte, daß bei der Ermittlung des Unternehmenswerts nicht die Einzelveräußerungspreise der einzelnen Wirtschaftsgüter maßgebend sein könnten. Vielmehr müsse die Tatsache der Betriebszugehörigkeit berücksichtigt werden. Diesen Aspekt der Gesamtbewertung hat das RBewG 1925 nicht aufgegeben[42]. Der vom OVG begründete Bewertungsmaßstab wurde vielmehr aufrechterhalten und hat noch heute in dem Teilwertprinzip uneingeschränkte Gültigkeit.

Die Änderung der Bewertungsmethode — Einführung der Einzelbewertung — hat lediglich zur Folge gehabt, daß der Wert des Betriebsvermögens nicht mehr nach dem Gesamtbewertungsverfahren — Wertermittlung z. B. anhand von Verkäufen — ermittelt werden kann. Die Werte der einzelnen Gegenstände sind auch nicht mehr nur mehr

---

[40] Die amtliche Begründung (S. 177) führt hierzu aus: „Die Vorschriften über die Bewertung von Wirtschaftsgütern, die zu einem gewerblichen Betrieb gehören, konnten in dem neuen Gesetz einfacher gestaltet werden. Schon im bisherigen RBewG war der Grundsatz der Gesamtbewertung aufgegeben und die Bewertung der einzelnen Gegenstände vorgeschrieben worden. Dies kam jedoch bisher im Gesetz nicht klar zum Ausdruck. Es erschien angebracht, bei der Neufassung des Gesetzes die Vorschriften über die Gesamtbewertung (Abs. 2 und 5 bisherige Fassung) als entbehrlich und mißverständlich zu streichen."

[41] Vgl. auch oben am Anfang dieses Abschnitts.

[42] Daher ist die zum Teil recht harte Kritik an diesem Gesetz (vgl. *Erler* § 50 Anm. 2 a; *Huffmann* S. 60) nicht berechtigt.

oder weniger verbindliche Rechnungsfaktoren. Die einzelnen Wirtschaftsgüter sind vielmehr selbst Bewertungsgegenstände. Da indessen gemäß § 18 BewG das Betriebsvermögen und nicht das einzelne Wirtschaftsgut eine steuerpflichtige Vermögensart bildet, muß nach wie vor der Wert des Betriebsvermögens, und zwar als Summe der Werte der einzelnen Wirtschaftsgüter (§ 109 Abs. 4 BewG) ermittelt werden. Die Umqualifizierung der einzelnen Wirtschaftsgüter von Rechnungsfaktoren zu selbständigen Bewertungsgegenständen hat für das Ergebnis daher keine Bedeutung.

Auch wird die Frage, ob ein bestimmter Teil des Betriebsvermögens anzusetzen ist, durch die Bewertungsmethode — Einzel- oder Gesamtbewertung — nicht beantwortet. Sowohl bei der vom OVG geforderten Gesamtbewertung als auch bei der heute geltenden Einzelbewertung muß geprüft werden, ob ein bestimmter Teil des Betriebes einen zu berücksichtigenden Rechnungsposten bzw. ein bewertungspflichtiges Wirtschaftsgut darstellt.

Damit ergibt sich, daß der von der herrschenden Meinung als so entscheidend angesehene Wechsel der Bewertungsmethode bzw. des Bewertungsverfahrens eine wirkliche Änderung nicht gebracht hat, wenn man von der ohnehin nur selten möglichen Bewertung aufgrund von Verkäufen absieht.

Nachdem nun klargestellt ist, wie sich die Methoden der Bewertung des Betriebsvermögens historisch entwickelt haben und auch Klarheit über die Begriffe der Gesamtbewertung und Einzelbewertung sowie ihren Bezug zum Teilwertprinzip besteht, sind die Grundlagen für eine kritische Beurteilung der herrschenden Meinung gelegt.

II. Kritik an der Rechtsprechung und Literatur zum Problem Einzel- oder Gesamtbewertung; Vermischung von Bewertungsmethode und Bewertungsmaßstab durch Rechtsprechung und Literatur

Das RFH-Urteil vom 28. 2. 1930[43], das oben ausführlich wiedergegeben ist[44], beschäftigt sich eingehend mit der Frage der Gesamtbewertung.

Indessen hat der RFH die Frage, was unter Gesamtbewertung zu verstehen ist, überhaupt nicht untersucht, sondern schlicht festgestellt, daß Gesamtbewertung „die Ermittlung des Veräußerungswertes des Unternehmens im ganzen" sei[45]. Daran stimmt aber nur, daß es sich um

---

[43] RStBl 1930, 287 ff.
[44] Vgl. zweites Kapitel B I, drittes Kapitel A I 2.
[45] RStBl 1930, 287, *288*, linke Spalte.

die Ermittlung irgendeines Wertes im ganzen handeln muß. Weshalb dieser Wert der Veräußerungswert sein muß, hat der RFH nicht dargetan, obwohl dies ein sehr entscheidender Aspekt ist. Aus dem verfahrensrechtlichen Prinzip der Gesamtbewertung kann dieser materiell-rechtliche Grundsatz nicht abgeleitet werden; hierfür müssen andere Prinzipien herangezogen werden.

Der RFH stellte in diesem Urteil fest, daß die Gesamtbewertung als solche aufgegeben worden sei. Er begründete dies damit, daß die wegen der Realsteuern erforderliche objektive Bewertung — womit eine Bewertung unabhängig davon, welchem Zweck ein Wirtschaftsgut dient, gemeint ist — eine Gesamtbewertung unmöglich mache[46].

Daran zeigt sich deutlich, daß der RFH das Prinzip der Gesamtbewertung verkannte. Denn mit welchem Wert die einzelnen Wirtschaftsgüter anzusetzen sind, bestimmt die Gesamtbewertung, wie oben dargelegt wurde, gerade nicht. Dies ergibt sich allein aus dem Bewertungsmaßstab. Der vom RBewG 1925 angeordnete Maßstab — Bewertung zum Teilwert[47] — ergab indessen keine „objektive Bewertung". Jedes Wirtschaftsgut, das mit dem Teilwert zu bewerten ist, muß im Gegenteil unter Berücksichtigung der Betriebszugehörigkeit, also nicht objektiv, bewertet werden. Der RFH hat den materiell-rechtlichen Aspekt der vom OVG begründeten Gesamtbewertung, den Bewertungsmaßstab, mit dem verfahrensrechtlichen Aspekt verwechselt.

Die Begründung des RFH litt noch an einem anderen Mangel. Selbst wenn man davon ausgeht, daß die Landessteuern eine solche „objektive Bewertung erfordern", folgt daraus nicht, daß auch die Einheitsbewertung von einem solchen Wertmaßstab ausgehen muß. Soweit die Gewerbekapitalsteuer in Betracht kommt, paßt dieser Gedanke ohnehin nicht, da hier der Wert des ganzen Unternehmens die Steuerbemessungsgrundlage bildet, die „objektive Bewertung" *einzelner* Wirtschaftsgüter also unerheblich ist. Zudem wird im Gewerbesteuergesetz (§ 12) der Einheitswert derartig modifiziert, daß es keine Schwierigkeiten bereiten würde, auch noch andere — wegen einer objektiven Bewertung etwa erforderliche — Modifikationen vorzunehmen. Für die Grund- und Gebäudesteuer ist dieser Gedanke ebenfalls unerheblich, da die Grundstücke auch bei der Einheitsbewertung des Betriebsvermögens mit einem besonderen, also „objektiven Wert" angesetzt werden.

Lediglich soweit der RFH seine Auffassung darauf stützte, daß eine Gesamtbewertung praktisch nicht erreichbar sei und daher zur Willkür

---

46 RStBl 1930, 288, linke Spalte.

47 Das RBewG 1925 gebraucht zwar noch nicht den Begriff, aber dieses Prinzip, vgl. oben viertes Kapitel A I.

führen würde[48], hatte er den verfahrensrechtlichen Aspekt der Gesamtbewertung im Auge, so daß es nicht verwunderlich ist, daß in späterer Zeit durchweg nur noch auf diese Begründung abgestellt worden ist[49].

Auch diese Begründung ist indessen nicht überzeugend. Denn die Schwierigkeiten der Bewertung werden in keiner Weise geringer, ganz gleich, ob man die Werte der einzelnen Wirtschaftsgüter als Rechnungsfaktoren oder als selbständige Bewertungsgegenstände ansieht. Immer bleibt das Problem bestehen, welche Positionen mit welchen Werten anzusetzen sind.

Die Gesamtbewertung ist, soweit sie aus Verkäufen ableitbar ist, erheblich einfacher als der Weg über die Bewertung der einzelnen Wirtschaftsgüter. Wenn daher die Gesamtbewertung selbst für die Fälle ausgeschlossen worden ist, in denen eine Wertermittlung aus Verkäufen möglich wäre, kann diese Entscheidung nicht durch Gesichtspunkte der Vereinfachung oder Praktikabilität motiviert sein. In den Gesetzesmaterialien findet sich auch keinerlei Hinweis auf dieses Motiv[50].

Gleichwohl ist der herrschenden Meinung darin zu folgen, daß das Betriebsvermögen nicht nach dem Verfahren der Gesamtbewertung zu bewerten ist. Das ergibt sich nicht nur aus der dargelegten Entstehungsgeschichte. Auch der *Wortlaut* des § 109 BewG schließt es aus, daß der Wert des Betriebsvermögens aus Verkäufen oder einem anderen Gesamtbewertungsverfahren abgeleitet werden darf. Die einzelnen Wirtschaftsgüter sollen auch nicht mehr oder minder maßgebende Rechnungsfaktoren sein, sondern der Einheitswert ist gemäß § 109 Abs. 4 BewG als Summe der Werte der einzelnen Wirtschaftsgüter zu ermitteln[51].

Dieses Verfahren der Einzelbewertung gilt auch, soweit Schulden zu bewerten sind. Die abweichenden Meinungen von Gübbels (bis 1960), Felix und Tilemann[52] sind nicht überzeugend. Das Prinzip der Gesamtbewertung schließt eine Bewertung von Teilen des Betriebsvermögens aus. Man kann anhand des Verkaufspreises oder des Ertrags oder mit Hilfe eines anderen Gesamtbewertungsverfahrens nicht den Wert von Schulden ermitteln.

---

[48] RStBl 1930, 288, rechte Spalte.
[49] Vgl. BFH vom 27. 7. 1962, BStBl III 1962, 436, *437*; vom 12. 10. 1962, HFR 1963, 385; vom 19. 2. 1965, BStBl III 1965, 248, *250*.
[50] Vgl. oben viertes Kapitel A I.
[51] Vgl. dazu insbesondere BFH vom 12. 7. 1968, BStBl II 1968, 794, *795 f*.
[52] Vgl. oben zweites Kapitel B II.

Die Autoren, die unter Berufung auf das Gebot der Teilwert-Bewertung eine Gesamtbewertung fordern[53], halten Bewertungsmethode und Bewertungsmaßstab nicht klar auseinander. Der Bewertungsmaßstab — Bewertung zum Teilwert — ist durch § 109 Abs. 1, § 10 BewG angeordnet und nirgends bestritten. Die vom OVG geforderte Bewertungsmethode kann indessen mit dem Teilwertprinzip nicht begründet werden. Das Teilwertprinzip schreibt lediglich den Wertansatz für ein bestimmtes Wirtschaftsgut vor. Ob dieser Wert dann ein Rechnungsfaktor im Sinne der Rechtsprechung des OVG ist oder ein selbständiger Bewertungsgegenstand, kann sich aus der Teilwertvorschrift nicht ergeben.

B. Kritik an der Rechtsprechung und Literatur zur Bewertung der immateriellen Wirtschaftsgüter im besonderen

I. Zur Rechtsprechung des RFH

Ausgangspunkt für die Frage der Bewertung immaterieller Werte war das mehrfach zitierte Urteil des RFH vom 28. 2. 1930[54], das in seinem methodischen Teil schon gewürdigt worden ist[55].

Nach dem Urteil ist eine Erfassung immaterieller Werte, insbesondere des Geschäftswerts, nur auf drei Wegen möglich:

1. im Wege der Gesamtbewertung, bei der der Geschäftswert gewissermaßen automatisch erfaßt werde;

2. durch eine entsprechende Höherbewertung der materiellen Wirtschaftsgüter und

3. durch die Erfassung als besonderes Wirtschaftsgut.

Daran ist richtig, daß andere Möglichkeiten nicht in Betracht kommen. Indessen hat der RFH die einzelnen Alternativen in sich nicht hinreichend untersucht.

Es ist keineswegs richtig, daß bei der Gesamtbewertung der Geschäftswert zwangsläufig in die Vermögensgrundlage einbezogen wird. Unter der Herrschaft des Preußischen Ergänzungsteuergesetzes war es vielmehr unbestritten, daß — trotz Gesamtbewertung — der Geschäftswert und andere immaterielle Werte nicht zu erfassen seien[56].

Erst zur AO 1919 wurde durchweg die Auffassung vertreten, daß die immateriellen Werte, insbesondere ein Geschäftswert, bei der Vermö-

---

[53] Vgl. oben zweites Kapitel B II.

[54] Vgl. zweites Kapitel B I, drittes Kapitel A I 2.

[55] Vgl. viertes Kapitel A II.

[56] *Fuisting* (Grundzüge) S. 292 f.; ders. (ErgStG) § 6 Anm. 4 b; *Körner* S. 83; *Sauer* S. 87; OVG vom 17. 5. 1897, OVGSt Bd. 6, 30, *LS 1;* vom 11. 3. 1899, OVGSt Bd. 8, 328, *333.*

gensermittlung berücksichtigt werden müßten[57]. Die amtliche Begründung zur AO 1919 führte hierzu aus[58]:

„... da es grundsätzlich darauf ankommt, den gemeinen Wert einer wirtschaftlichen Einheit, also z. B. des gesamten kaufmännischen Unternehmens, im ganzen zu erfassen. Die Erfahrung lehrt täglich, wieviel für solche immateriellen Werte (sc. Kundschaft u. ä.) bei der Veräußerung eines Geschäftes gezahlt wird; deshalb müssen sie auch steuerrechtlich, z. B. bei der Besitzsteuer oder Erbschaftsteuer, berücksichtigt werden."

Soweit für einen Geschäftswert etwas gezahlt wurde, galt er nach der zur AO 1919 herrschenden Auffassung als selbständiger Gegenstand. Aber auch wenn dies nicht der Fall war, wurde der Geschäftswert als steuerbares Vermögen betrachtet[59].

Noch zum Vermögensteuergesetz 1924 vertrat der RFH im Urteil vom 13. 4. 1926[60] den Standpunkt, auch ein originärer Geschäftswert sei ein selbständiger Gegenstand, jedenfalls aber ein steuerbarer Vermögensbestandteil. Er sei abschätzbar und spiele bei der Veräußerung eine wesentliche Rolle[61]. Das Urteil begründete dies nicht mit dem Prinzip der Gesamtbewertung, sondern ging im Gegenteil davon aus, daß für das VStG 1924 der Grundsatz der Einzelbewertung gelte[62].

Die herrschende Meinung vor dem Erlaß des RFH-Urteils vom 28. 2. 1930[63] hat somit keineswegs die Erfassung oder Nichterfassung immaterieller Werte aus dem Grundsatz der Gesamtbewertung abgeleitet, wie der RFH in dem o. a. Urteil zu meinen scheint. Daß der RFH dies verkannt hat, ist um so erstaunlicher, als er selbst dem RFH-Urteil vom 13. 4. 1926[64] zustimmt.

Wie dargestellt wurde, kann das Prinzip der Gesamtbewertung nichts über die Bewertung von immateriellen Wirtschaftsgütern besagen. Ob ein immaterieller Wert bei der Bewertung zu berücksichtigen ist, muß sowohl bei der Einzelbewertung als auch bei der Gesamtbewertung geprüft werden. Die Entscheidung dieser Frage muß sich aus anderen Kriterien ergeben.

---

[57] *Becker* (RAO) § 137 Anm. 8; *Mrozek* § 137 Anm. 5; RFH vom 27. 11. 1919, Bd. 2, 187, *192*; vom 30. 6. 1921, Bd. 6, 162, *166*; vom 28. 9. 1922, Bd. 10, 250, *253*; vom 11. 4. 1923, StuW 1923, Nr. 613, S. 663; vom 29. 5. 1923, Bd. 12, 192, *193 f.*; vom 7. 7. 1923, StuW 1923, Nr. 777, S. 855.

[58] Amtliche Begründung S. 589.

[59] *Mrozek* § 137 Anm. 5; RFH vom 27. 11. 1919, Bd. 2, 118, *119*; vom 30. 6. 1921, Bd. 6, 162, *166*; vom 28. 9. 1922, Bd. 10, 250, *LS 2* und *253*.

[60] Bd. 19, 51, *53*.

[61] *Beuck* (VStG) S. 260 will danach sogar noch für das VStG 1925 verfahren.

[62] Bd. 19, 51, *52*.

[63] RStBl 1930, 287.

[64] Bd. 19, 51, *52*.

Nun zur zweiten Möglichkeit, zur Erfassung immaterieller Werte, die der RFH im o. a. Urteil darin gesehen hat, die übrigen materiellen Gegenstände entsprechend höher zu bewerten. Diese Möglichkeit scheitert nach Auffassung des RFH daran, daß obere Grenze des Teilwerts die Wiederbeschaffungskosten seien[65]. Diese Regel gelte auch im Einkommensteuerrecht. Da das BewG 1925 und das EStG 1925 insoweit den gleichen Wortlaut hätten und beide Gesetze Gegenstand eines einheitlichen Gesetzgebungswerkes gewesen seien, müßten für sie gleiche Regeln gelten[66].

Auch diese Begründung ist nicht überzeugend. Die einkommensteuerliche und die bewertungsrechtliche Bewertung haben verschiedene Zwecke. Die Bewertung für die Einkommensteuer dient ausschließlich der Ermittlung des Ertrags einer bestimmten Periode. Der Wert des Vermögens ist folglich einkommensteuerlich nur insoweit bedeutsam, als er den Ertrag, also die Vermögensveränderung, beeinflußt. Der Wertansatz ist daher notwendigerweise relativ. Demgegenüber ist die Wertveränderung für das Bewertungsrecht, wenn man einmal von Fortschreibungsgrenzen u. ä. absieht, bedeutungslos, da der Wert des jeweils am Stichtag vorhandenen Vermögens Anknüpfungspunkt der Besteuerung ist[67].

Ob die vom RFH gemachte Aussage für die Einkommensteuer richtig ist, kann hier dahinstehen. Jedenfalls kann damit ein für das Bewertungsrecht maßgebliches Prinzip nicht begründet werden. Eine andere Begründung hat der RFH aber nicht gegeben.

Gleichwohl hat der RFH zu Recht diese Möglichkeit der Erfassung immaterieller Werte abgelehnt. Aus dem Teilwertbegriff folgt nämlich, daß der Geschäftswert nicht auf die übrigen Wirtschaftsgüter verteilt werden darf[68]. Denn Teilwert ist der Wert, den ein Erwerber des ganzen Betriebes im Rahmen des Gesamtkaufpreises für ein *einzelnes* Wirtschaftsgut zahlen würde. Im Teilwert eines Wirtschaftsgutes, z. B. eines Gebäudes, ist kein anteiliger Geschäftswert enthalten.

Das soll an folgendem Beispiel demonstriert werden: Wir wollen von einem Betrieb ausgehen, zu dem nur ein Gebäude gehört und

---

[65] RStBl 1930, 288 f.

[66] RStBl 1930, 289.

[67] Vgl. dazu *Huffmann* S. 64 (Fn. 7); *Noack* S. 6; *Steinberg* StBp 1967, 122; *Thomä* VJStFR 1927, 365; Bericht des 11. Ausschusses der Nationalversammlung über den Entwurf einer AO 1919, S. 1397; vgl. aber auch *Mutze,* DB 1966, Beilage 4, S. 3, der Substanz- und Ertragssteuerrecht vereinheitlichen will.

[68] Ob aus dem Teilwertbegriff des Bewertungsrechts auch folgt, daß die Wiederbeschaffungskosten Obergrenze des Wertansatzes sind, ist fraglich. Dies kann hier jedoch dahinstehen.

keine weiteren materiellen Betriebsmittel. Außerdem soll der Betrieb aus früherer Geschäftstätigkeit einen guten Namen und daher einen Geschäftswert haben. Wenn der Wert des Geschäftswerts dem Haus zugerechnet würde, dann bräuchte jemand, der nur den Firmenmantel erwerben würde, gar nichts zu zahlen. Der Erwerber nur des Gebäudes hingegen müßte auch den Geschäftswert mitbezahlen. Das wäre unrealistisch. Der Gesamtkaufpreis für das Unternehmen muß vielmehr auf das Haus und den Firmenmantel aufgeteilt werden. Der Teilwert des Hauses enthält mithin nicht den Wert der Firma.

Somit ist dieser vom RFH vertretenen und später auch nirgends mehr bestrittenen[69] Auffassung im Ergebnis, nicht aber in der Begründung zu folgen.

Damit kommen wir zum wichtigsten Teil des RFH-Urteils vom 28. 2. 1930, nämlich zu der Frage, ob ein Geschäftswert ein Wirtschaftsgut ist. Nach Auffassung des RFH kann ein Geschäftswert nur in der Weise ermittelt werden, daß zunächst die übrigen Wirtschaftsgüter im Wege der Einzelbewertung bewertet werden und der Summe dieser Werte der Gesamtkaufpreis gegenübergestellt wird. Diese Erfassung „hintenherum" sei aber eine versteckte Gesamtbewertung, die der Gesetzgeber mit der Anordnung der Einzelbewertung gerade habe vermeiden wollen[70].

Auch diese Begründung hält einer kritischen Prüfung nicht stand. Es ist nicht zu erkennen, woraus der RFH dieses gesetzgeberische Motiv abgeleitet hat. Einen Beleg hat er hierfür nicht gegeben, wenn man von der Berufung auf Enno Becker[71] absieht, der dies aber ebenfalls nicht nachgewiesen hat und zudem noch zu anderen Ergebnissen gekommen ist. Aus den Gesetzesmaterialien läßt sich nicht feststellen, daß die Frage der Erfassung des Geschäftswerts überhaupt Gegenstand irgendwelcher Überlegungen gewesen sei. Lediglich die amtliche Begründung zur AO 1919 beschäftigt sich mit der Bewertung immaterieller Werte. Hier heißt es[72]:

„Die Erfahrung lehrt täglich, wieviel für solche immateriellen Werte (sc.: Geschäftswert, Kundschaft u. ä.) bei der Veräußerung eines Geschäfts gezahlt wird; deshalb müssen sie auch steuerrechtlich z. B. bei der Besitzsteuer oder Erbschaftsteuer berücksichtigt werden."

Es war also gerade nicht so, daß der Gesetzgeber die Erfassung des Geschäftswerts vermeiden wollte. Daß der Übergang von der Gesamtbewertung zur Einzelbewertung hieran etwas ändern sollte, läßt sich

---

[69] Vgl. z. B. *Rössler / Troll* § 109 Anm. 2.
[70] RStBl 1930, S. 289, rechte Spalte.
[71] StuW 1927, 81 f.
[72] Amtliche Begründung S. 589.

aus den Materialien zum VStG 1922 und zum RBewG 1925 nicht erkennen.

Aber auch der Ausgangspunkt des RFH, daß nämlich der Geschäftswert nur als Differenz von Gesamtkaufpreis und der Summe der Einzelwerte ermittelt werden könne, verdient Kritik. Es ist zwar richtig, daß der Geschäftswert im Ergebnis den Betrag ausmacht, um den der Wert des Unternehmens als ganzes die Summe der einzelnen, besonders erfaßbaren Wirtschaftsgüter übersteigt[73]. Richtig ist auch, daß die vom RFH angeführte Methode ein Weg sein kann, um den Wert des Geschäftswerts zu ermitteln. Im Regelfall wird diese Methode der Wertermittlung jedoch ausscheiden, weil der Gesamtkaufpreis, falls nicht tatsächlich Verkäufe vorgekommen sind, gar nicht bekannt ist. Auch ist es keine Besonderheit gerade des Geschäftswerts, daß sein Wert als Differenz zwischen dem Gesamtwert und der Summe der übrigen Werte ermittelbar ist. Man kann nach dieser Methode auch jedes andere Wirtschaftsgut bewerten. Denn auch der Wert einer Maschine beispielsweise kann dadurch festgestellt werden, daß von dem Gesamtkaufpreis der Betrag abgezogen wird, der auf alle übrigen Wirtschaftsgüter (einschließlich der immateriellen Werte) entfällt. Sonderlich praktisch wäre dieser Weg zugegebenermaßen freilich nicht; daß es einfacher ist, den Wert eines Wirtschaftsgutes auf direktem Wege zu bestimmen, liegt auf der Hand.

Es ist daher nicht erstaunlich, daß sich auch für die Bewertung des Geschäftswerts eine zweite Methode entwickelt hat. Der Wert des Geschäftswerts wird nämlich auch durch den Übergewinn, das ist der über die normale Verzinsung hinausgehende Gewinn[74], bestimmt, und zwar im Wege der Kapitalisierung des Übergewinns[75]. Insbesondere die betriebswirtschaftliche Praxis wendet neben der indirekten Methode — Ermittlung des Geschäftswerts als Saldo zwischen Gesamtwert und Substanzwert[76] — auch die direkte Methode der Kapitalisierung des Übergewinns an[77]. Der Geschäftswert kann also nicht nur auf indirektem Wege erfaßt werden. Damit ist dem tragenden Argument der RFH-Auffassung der Boden entzogen.

Die vom RFH im übrigen für notwendig erachtete Einschränkung, nach der immaterielle Werte durch eine Konkretisierung, insbesondere

---

[73] Vgl. dazu die Begriffsbestimmungen oben drittes Kapitel A I 1.

[74] Vgl. *Glade*, StbJb 1969/70, 291; *Groh* FR 1973, 281; *Gürsching / Stenger* § 95 Anm. 63; *Kolbe* S. 2 f.; *Noack* S. 66; *Viel / Bredt / Renard* S. 30, 90.

[75] Vgl. insbesondere *Groh* FR 1973, 281.

[76] Vgl. dazu *Engeleiter* S. 30; *Kolbe* S. 3 ff.; *Viel / Bredt / Renard* S. 25 ff.

[77] Vgl. *Glade* StbJb 1969/70, 291; *Groh* FR 1973, 281; *Gürsching / Stenger* § 95 Anm. 63; *Kolbe* S. 2; *Lackmann* S. 130; *Münstermann* S. 140 ff.; *Noack* S. 66; *Schmalenbach* S. 46; *Viel / Bredt / Renard* S. 30, 90.

durch einen entgeltlichen Erwerb oder durch die Verkehrsauffassung, zu bewertungspflichtigen Wirtschaftsgütern würden, kann ebenfalls nicht befriedigen. Die Berufung auf die Verkehrsanschauung — hinsichtlich des Geschäftswerts ist dies ohnehin nicht praktisch geworden — ist eine Leerformel.

Die unterschiedliche Behandlung des originären und des entgeltlich erworbenen Geschäftswerts läßt sich nicht rechtfertigen[78]. Derivativer und originärer Geschäftswert unterscheiden sich sachlich überhaupt nicht. Es handelt sich, wie Kolbe zutreffend ausführt[79], immer um den gleichen Vermögenswert eines Unternehmens, der lediglich einmal als stille Reserve und einmal als aufgelöste „stille" Reserve in Erscheinung tritt.

Wenn der RFH im Urteil vom 28. 2. 1930[80] gemeint hat, daß diese ungleichmäßige Behandlung hingenommen werden müsse, um eine praktisch brauchbare Lösung zu finden, so ist das schon deshalb nicht überzeugend, weil die praktischen Schwierigkeiten, insbesondere die Berechnungsschwierigkeiten, gar nicht der wirkliche Grund für die Entscheidung gewesen sein können. Jedenfalls ist der RFH auf diese Schwierigkeiten an keiner Stelle eingegangen.

Wie problematisch das RFH-Urteil vom 28. 2. 1930 ist, hat sich auch in der weiteren Rechtsprechung gezeigt. Das RFH-Urteil vom 25. 10. 1934[81] hat — unter Berufung auf das RFH-Urteil vom 28. 2. 1930 — einen originären Geschäftswert nur deshalb als Wirtschaftsgut angesehen, weil das betreffende Unternehmen und damit auch der Geschäftswert verpachtet war. Da der RFH hier in den Pachtzahlungen eine Berechnungsgrundlage für den Geschäftswert gesehen hat, ist ihm das Problem als gelöst vorgekommen. Dieses Urteil hat jedoch verkannt, daß die Berechnungsschwierigkeiten gar nicht zur Grundlage der damaligen Entscheidung gemacht worden sind.

Für unmaßgeblich hat solche Bewertungsschwierigkeiten denn offenbar auch das Urteil vom 29. 2. 1940[82] gehalten, in dem der RFH den durch die Pachtzahlungen konkretisierten Geschäftswert nicht aufgrund dieser Zahlungen, sondern mit dem davon abweichenden gemeinen Wert bewertet hat.

Die Konzeptionslosigkeit des RFH hat sich erneut im Urteil vom 12. 5. 1942[83] gezeigt. Hier ist der Ansatz eines negativen Geschäftswerts

---

[78] So schon RFH vom 13. 4. 1926, Bd. 19, 51, 54.
[79] S. 99.
[80] RStBl 1930, S. 290.
[81] RStBl 1935, 25.
[82] RStBl 1940, 652, 653.
[83] RStBl 1922, 716.

versagt worden, weil insoweit kein Schuldposten vorliege, obwohl unstreitig der Kaufpreis niedriger war als der Wert der materiellen Wirtschaftsgüter. Wenn aber die Gegenstandseigenschaft eines Geschäftswerts dadurch begründet wird, daß der Kaufpreis über dem Substanzwert liegt, ist nicht einzusehen, warum dies nicht auch im umgekehrten Fall gelten soll.

II. Zur Rechtsprechung des BFH

Der BFH, der zur Bewertung immaterieller Werte, insbesondere des Geschäftswerts, keine eigene Konzeption entwickelt, sondern die Rechtsprechung des RFH übernommen hat, hat zu Unrecht angenommen, daß nur die Unmöglichkeit, einen Geschäftswert ohne äußeren Anhalt zu bewerten, einer unterschiedslosen Erfassung des originären und des derivativen Geschäftswerts entgegenstehe[84].

Diese Bewertungsschwierigkeiten waren nicht Grundlage des RFH-Urteils vom 28. 2. 1930[85]. Im übrigen hat der BFH die Frage, ob Bewertungsschwierigkeiten die Wirtschaftsguteigenschaft eines Wertes beeinflussen können, nicht einmal aufgegriffen. In der BFH-Rechtsprechung wird durchweg auch nicht dargelegt, weshalb es denn so schwierig sein soll, einen originären Geschäftswert zu bewerten. Dies ist um so erstaunlicher, als sich der BFH in den Fällen der Verpachtung durchaus in der Lage gesehen hat, den Wert des Geschäftswerts zu ermitteln, und zwar keineswegs etwa nur anhand der Pachtzahlungen, sondern häufig auch auf der Basis des Ertrags[86].

Erst das Urteil vom 6. 8. 1971[87] ist auf dieses Problem eingegangen. Wenn indessen der BFH ausführt, daß die Bewertung des Geschäftswerts nur als Differenz zwischen Gesamtwert und Substanzwert ermittelt werden könne, unterläuft ihm der gleiche Fehler, wie dem RFH im Urteil vom 28. 2. 1930[88]. Denn der Geschäftswert läßt sich, wie oben nachgewiesen, auch auf direktem Wege, nämlich durch die Kapitalisierung des Übergewinns, bewerten.

Die darüber hinaus in diesem Urteil vertretene Auffassung, der Grundsatz der Einzelbewertung verbiete es, die Ertragskraft eines Unternehmens zu erfassen, solange sie nicht konkretisiert sei[89], ist nicht begründet worden. Wie die Ertragskraft eines Unternehmens zu erfassen ist, kann auch aus dem Verfahren der Einzelbewertung nicht abgeleitet werden.

---

[84] Vgl. oben viertes Kapitel B I.
[85] RStBl 1930, 287.
[86] Vgl. oben drittes Kapitel A I 3.
[87] BStBl II 1971, 677.
[88] RStBl 1930, 287.

Dem BFH ist sicherlich nicht verborgen geblieben, daß sein Urteil im Ergebnis dazu führt, daß künftig ein Geschäftswert bei Verpachtungen überhaupt nicht mehr erfaßt werden könnte und dürfte: Denn die Betroffenen bräuchten lediglich dafür zu sorgen, daß kein besonderer Teil des Pachtentgelts für die Mitverpachtung des Geschäftswerts vereinbart wird. Dann wäre der auf den Geschäftswert entfallende Pachtzins nicht mehr klar und eindeutig bestimmbar, so daß entsprechend der Auffassung des BFH die Bewertung unmöglich wäre. Wenn der BFH aber den Geschäftswert bei einer Verpachtung grundsätzlich nicht mehr hätte erfassen wollen, so hätte er dies klar und deutlich feststellen sollen und — entsprechend dem Gebot der Rechtssicherheit — auch müssen.

Die unzulängliche methodische Behandlung des Problems ergibt sich auch aus den BFH-Urteilen zur Bewertung des Geschäftswerts bei einer Anteilsveräußerung[90]. Der BFH will bei einer Veräußerung eines Mitunternehmeranteils von dem anteiligen Geschäftswert auf den Gesamtgeschäftswert schließen, weil „im Bewertungsrecht der Gesamtgeschäftswert sich auch in anderer Weise als durch Zahlung konkretisiert haben" könne[91]. Hier fragt man sich, welche „andere Weise" der BFH wohl im Auge gehabt haben mag. Etwas anderes als eine Zahlung liegt doch nicht vor.

Indessen macht der BFH in diesen Urteilen die gleichen Einschränkungen wie bei der Verpachtung. Eine Bewertung soll nämlich nur möglich sein, wenn der den Substanzwert übersteigende Kaufpreis „klar und eindeutig" auf den Geschäftswert entfällt. In der Praxis wird das dazu führen, daß ein Geschäftswert nicht angesetzt werden kann, weil diese „Klarheit" ohnehin nicht erreichbar ist und sich darüber hinaus die Steuerpflichtigen hüten werden, hier klare, d. h. für die Steuerbehörde nachweisbare Vereinbarungen zu treffen. In den vom BFH entschiedenen Fällen, die immerhin repräsentativ sein sollten[92] und wohl auch tatsächlich gewesen sind, wurde dementsprechend eine Hochrechnung auf den Gesamtgeschäftswert abgelehnt.

Schließlich ist die Auffassung des BFH unlogisch. Denn wenn nach Meinung des BFH eine Hochrechnung deshalb ausscheidet, weil das für den Geschäftswert gezahlte Entgelt nicht ausreichend klar ermittelbar ist, der Geschäftswert mithin nicht konkretisiert ist, kann auch ein anteiliger Geschäftswert nicht angesetzt werden[93]. Ein anteiliger Ge-

---

[89] BStBl II 1971, 677, 678.

[90] BFH vom 26. 11. 1971, BStBl II 1972, 311 ff., vgl. oben drittes Kapitel A I 3.

[91] BStBl II 1972, 311.

[92] So auch Erlaß FinMin Niedersachsen vom 6. 1. 1972, StEK § 109 BewG R 36; *Groh* FR 1973, 280.

schäftswert wurde aber in allen drei Urteilsfällen angesetzt, ohne daß der BFH dem widersprochen hätte. Insoweit war die Veranlagung allerdings nicht angefochten worden und der BFH hat dazu keine Stellung genommen. Allerdings dürfte dann der BFH einen entgeltlich erworbenen Geschäftswert überhaupt nicht mehr als Wirtschaftsgut betrachten, da ein Anteil eines Unternehmens nicht anders als das ganze Unternehmen behandelt werden kann[94].

Darüber hinaus läßt sich die Rechtsprechung zur Bewertung von Geschäftswerten nicht mit der Bewertung von Anteilen nach dem Stuttgarter Verfahren und von Aktien nach dem Kurswert vereinbaren. Durch diese Bewertungsverfahren wird nach herrschender Meinung auch der originäre Geschäftswert erfaßt[95]. Eine unterschiedliche Behandlung von Anteilen an Personengesellschaften und von Anteilen an Kapitalgesellschaften läßt sich aber nicht rechtfertigen.

Die herrschende Meinung zur Bewertung von Geschäftswerten paßt auch nicht zu der Behandlung von Apothekengerechtigkeiten, die stets als Wirtschaftsgüter erfaßt werden sollen, da sich insoweit eine allgemeine Verkehrsauffassung gebildet habe[96]. Ein solches Apothekenrecht ist aber nichts anderes als der Geschäftswert einer Apotheke[97]. Weshalb nun diese Sonderart des Geschäftswerts anders besteuert werden soll als andere Geschäftswerte, ist nicht einsehbar. Die Rechtsprechung gibt jedenfalls für die unterschiedliche Behandlung keine Rechtfertigung. Auch ist es merkwürdig, daß die sonst bei der Bewertung von Geschäftswerten angeblich so großen technischen Schwierigkeiten hier offenbar nicht auftauchen und es der Rechtsprechung durchaus gelingt, vernünftige Wertansätze für diese Sonderart des Geschäftswerts zu finden.

III. Zur Literatur

Die herrschende Meinung in der Literatur sieht durchweg das Problematische der Rechtsprechung nicht, entwickelt keine eigene Begründung und auch keine eigene Konzeption. Die überwiegend vertretene Auffassung, aus dem Grundsatz der Einzelbewertung folge, daß ein originärer Geschäftswert kein Wirtschaftsgut sei[98], wird nicht abgeleitet.

---

[93] Ähnlich auch *Groh* FR 1973, 280.

[94] *Viel / Bredt / Renard* (2. Aufl.) S. 84.

[95] *Rössler / Troll* § 113 Anm. 14; *Gürsching / Stenger* § 11 Anm. 76; a. M. *Segitz* S. 120.

[96] Vgl. oben drittes Kapitel A II 1.

[97] Vgl. dazu auch BFH vom 17. 8. 1956, BStBl III 1956, 297, *299* und vom 17. 5. 1966, BStBl III 1966, 481, *482*, wo der BFH davon ausgeht, daß das Apothekenrecht einen Geschäftswert mit umfaßt.

Seweloh, der darüber hinaus einen entgeltlich erworbenen Geschäftswert deshalb als Wirtschaftsgut ansieht, weil der Erwerber eines originären Geschäftswerts durch die Zahlung des Entgelts nicht ärmer werde[99], führt seinen eigenen Gedanken nicht zu Ende. Denn wenn der Erwerber nicht ärmer wird, kann der Verkäufer auch nicht reicher werden. Gleichwohl wird der Verkäufer nach herrschender Meinung nach dem Verkauf höher als vorher besteuert, da der originäre Geschäftswert bei ihm nicht erfaßt gewesen ist, das dafür erhaltene Geld indessen in die Steuerbemessungsgrundlage einbezogen wird.

Auch die Begründung von Spitaler[100], der die Qualifizierung eines originären Geschäftswerts als Wirtschaftsgut daran scheitern läßt, daß sein Wert von subjektiven Vorstellungen abhängt, kann nicht überzeugen. Mit dieser Begründung kann man die Wirtschaftsguteigenschaft nahezu eines jeden Werts verneinen, da es — von Geld vielleicht abgesehen — praktisch kein Gut gibt, dessen Wert nicht mehr oder minder stark von subjektiven Vorstellungen abhängt.

Die Meinung von Stenner[101], wonach die Verkehrsanschauung nur einen entgeltlichen Geschäftswert als konkretes Wertobjekt ansieht, ist völlig unbewiesen. Niemand hat bisher versucht, die Verkehrsanschauung über dieses Problem zu ermitteln. Es ist zudem äußerst unwahrscheinlich, daß eine solche Verkehrsanschauung besteht, da gerade für originäre Geschäftswerte erhebliche Summen geboten und auch bezahlt werden. Daß diese Geschäftswerte nach der Zahlung nicht mehr originär sind, ändert nichts daran, daß sie auch schon vorher als Wertobjekt angesehen worden sind.

Wenn schließlich Gübbels[102] darlegt, daß der Gesetzgeber auf die Erfassung des Geschäftswerts bewußt verzichtet habe, so kann dies nur als Behauptung angesehen werden, da Gübbels für ein solches Motiv keinerlei Belege angegeben hat. Wie sich aus der oben dargestellten historischen Entwicklung ergibt, ging die amtliche Begründung zur AO 1919 gerade vom Gegenteil aus, während die späteren Gesetze sich hierzu nicht mehr äußerten.

Klaus Becker[103] postuliert, daß die Vermögensteuer substanzbezogen sei, so daß der nicht zum Substanzwert gehörende Geschäftswert aus der Vermögensbesteuerung ausscheiden müsse. Gleichwohl weicht

---

[98] Vgl. oben drittes Kapitel A I 4. Insbesondere *Becker* StuW 1926, 215 f.; *Seweloh* StuW 1932, 130 f.

[99] Vgl. oben drittes Kapitel A I 4.

[100] Vgl. oben drittes Kapitel A I 4.

[101] Vgl. oben drittes Kapitel A I 4.

[102] Vgl. oben drittes Kapitel A I 4.

[103] Vgl. oben drittes Kapitel A I 4.

Klaus Becker dann hinsichtlich des derivativen Geschäftswerts von seinem eigenen Ansatz ab und sieht diesen Geschäftswert als Wirtschaftsgut an. Er begründet auch nicht, warum die Vermögensteuer substanzbezogen sein soll. Diese These steht zudem im Widerspruch zu der ebenfalls von ihm vertretenen Auffassung, daß die Vermögensteuer nach dem Verkehrswert zu bemessen sei[104]. Denn daß der originäre Geschäftswert nicht zum Verkehrswert des Unternehmens gehöre, läßt sich nicht ernstlich behaupten.

Den Autoren, die Praktikabilitätsgesichtspunkte ins Feld führen[105], muß entgegengehalten werden, daß dies solange nicht überzeugen kann, wie überhaupt nicht versucht worden ist, ein praktikables Verfahren zu entwickeln.

Aber auch die Autoren, die ein von der herrschenden Meinung abweichendes Ergebnis vertreten, sind in ihren Begründungen nicht überzeugend.

Lion[106] kritisiert zwar zu Recht die unterschiedliche Behandlung des originären und des derivativen Geschäftswerts. Daß der Geschäftswert — gleich ob originär oder derivativ — jedoch deshalb kein Wirtschaftsgut sei, weil er nicht selbständig übertragen werden könne[107], wird man nicht annehmen können. Eine verschiedene Behandlung von Werten, die selbständig übertragbar sind und solchen, die nur innerhalb einer größeren Einheit bestehen können, ist nicht gerechtfertigt[108].

Die weiter von Lion vertretene These, daß ein negativer Geschäftswert zwar vermögensmindernd berücksichtigt werden müsse, ein positiver Geschäftswert hingegen außer Ansatz zu bleiben habe, kann ebenfalls nicht überzeugen. Mit der von Lion gegebenen Begründung, ein Erwerber würde einen negativen Geschäftswert berücksichtigen, läßt sich die unterschiedliche Behandlung nicht rechtfertigen, da ein Erwerber auch einen positiven Geschäftswert nicht unberücksichtigt lassen würde.

Enno Becker[109] stützt die Nichtbesteuerung des originären Geschäftswerts mit der Erwägung, daß die Vermögensteuer als Ergänzung der Einkommensteuer keinen Vorgang erfassen dürfe, der nicht auch der Einkommensteuer unterliege. Indessen hat Enno Becker diese Bezie-

---

[104] S. 24.
[105] Vgl. oben drittes Kapitel A I 4.
[106] Vgl. oben drittes Kapitel A I 4.
[107] Ähnlich auch *Koch*, StuW 1927, 51 f., für den steuerpflichtig nur sein kann, was außerhalb eines Betriebes einen gemeinen Wert hat.
[108] Vgl. auch *Noack* S. 23.
[109] Vgl. oben drittes Kapitel, Fußnote 58.

hung zwischen Einkommensteuer und Vermögensteuer nicht abgeleitet. Sie läßt sich auch nicht ableiten. Der Vermögensteuer unterliegt auch solches Vermögen, das vor seiner Bildung nicht der Einkommensteuer unterlegen hat, z. B. Vermögen aus Erbschaften oder Lotteriegewinnen.

Groh weist zutreffend darauf hin, daß ein originärer und ein derivativer Geschäftswert nicht befriedigend auseinandergehalten werden können[110]. Wenn er den Geschäftswert aber überhaupt nicht erfassen will, weil seiner Meinung nach der Gesetzgeber nur den Substanzwert besteuern wollte, so muß auch Groh entgegengehalten werden, daß dieses gesetzgeberische Motiv von ihm nur behauptet, nicht aber nachgewiesen wurde.

In der unterschiedlichen Bewertung des originären und des derivativen Geschäftswerts sieht Ley einen Verstoß gegen den Gleichheitsgrundsatz. Sein Lösungsversuch, die originären immateriellen Werte, insbesondere den Geschäftswert, anhand der in der Erfolgsbilanz ausgewiesenen Aufwendungen für Reklame, Kundendienst usw. zu bewerten[111], ist indessen genauso unbefriedigend wie die Lösung der herrschenden Meinung. Denn der Wert eines Geschäftswerts kann nicht durch solche Aufwendungen bestimmt werden. Sein Wert hängt vielmehr von einer Fülle ganz unterschiedlicher Faktoren ab. Da die von Ley genannten Aufwendungen nur einen vergleichsweise unmaßgeblichen Teil der den Geschäftswert bestimmenden Faktoren darstellen, würde diese Bewertungsmethode zu einem recht willkürlichen Wert führen.

Steinberg, der die Erfassung des Geschäftswerts mit der Methode der Gesamtbewertung begründet[112], ist entgegenzuhalten, daß die Methoden der Einzel- oder der Gesamtbewertung lediglich verschiedene Verfahren sind, die keine unterschiedliche materielle Relevanz haben[113]. Zudem folgt aus dem Wortlaut des § 109 BewG doch recht eindeutig, daß der Wert des Betriebsvermögens nach dem Verfahren der Einzelbewertung zu ermitteln ist.

Wenn schließlich Thomä die immateriellen Werte durch eine entsprechende Höherbewertung der materiellen Gegenstände erfassen will[114], so verkennt er damit den — zu seiner Zeit allerdings noch nicht so klar herausgearbeiteten — Teilwertbegriff. Schon oben wurde dargelegt, warum dieser Weg nicht gangbar ist[115].

---

[110] Vgl. oben drittes Kapitel A I 4.
[111] Vgl. oben drittes Kapitel A I 4.
[112] Vgl. oben drittes Kapitel A I 4.
[113] Vgl. oben viertes Kapitel A I.
[114] Vgl. oben drittes Kapitel A I 4.
[115] Vgl. oben viertes Kapitel B I.

C. Kritik an der Rechtsprechung und Literatur
zur Bewertung der Rückstellungen im besonderen

Die Rechtsprechung — und insoweit ist die Literatur ihr im wesentlichen gefolgt — hat zur Frage der Abzugsfähigkeit von Rückstellungen Grundsätze aufgestellt, die zweckmäßigerweise in wenigen Sätzen wiederholt werden sollen: Danach sind Rückstellungen als Schulden abzugsfähig, wenn das Unternehmen am Stichtag wirtschaftlich belastet ist. Trotz einer wirtschaftlichen Belastung kommt ein Abzug jedoch nicht in Betracht, wenn die Rückstellung (Schuld) aufschiebend bedingt ist, da für das Betriebsvermögen das Prinzip der Einzelbewertung gilt und daher die §§ 4 bis 8 BewG Anwendung finden.

Damit stellt sich auch hier das Problem der Einzel- oder Gesamtbewertung. Bei der Gesamtbewertung sollen die §§ 4 ff. BewG keine Geltung haben, während sie bei der Einzelbewertung anwendbar sein sollen. Diesem Punkt ist zuerst nachzugehen.

Aus dem Wortlaut des Gesetzes läßt sich diese Frage nicht unmittelbar lösen. In § 1 Abs. 2 und § 17 Abs. 3 BewG ist lediglich bestimmt, daß die allgemeinen Vorschriften (§§ 1 bis 16 BewG) nicht gelten, soweit im Zweiten Teil (§§ 17 bis 121 BewG) bzw. in anderen Steuergesetzen etwas anderes angeordnet ist. Mit Einzel- oder Gesamtbewertung beschäftigen sich diese Normen nicht.

Lediglich in § 2 Abs. 3 BewG ist die Einzelbewertung angesprochen. Danach ist bei einer Einzelbewertung § 2 Abs. 1 und 2 BewG nicht anwendbar. Das bedeutet indessen nur — soweit es hier relevant ist, — daß bei einer Einzelbewertung der Wert der wirtschaftlichen Einheit nicht im ganzen festzustellen ist. Dies ist im Grunde genommen eine Selbstverständlichkeit. Ob indessen die Vorschriften der §§ 4 bis 8 BewG bei der Einzelbewertung gelten, ergibt sich aus § 2 Abs. 3 BewG nicht.

Der RFH hatte die uneingeschränkte Anwendbarkeit der §§ 4 bis 8 BewG im Urteil vom 22. 6. 1933[116] begründet:

„Die Zweifel über die Anwendbarkeit der §§ 147, 149 AO a. F. (§§ 3, 5 RBewG 1931) bei der Bewertung von Betriebsvermögen knüpfen vornehmlich daran an, daß die Sondervorschriften der §§ 141 ff. AO a. F. (vgl. Erster Teil des RBewG 1931) nur für den Fall der Einzelbewertung gelten sollen. Auch die Bewertung von Betriebsvermögen beruht aber trotz der hierbei notwendigen Berücksichtigung der Betriebszugehörigkeit (§ 31 Abs. 1, 2 RBewG 1925 = § 50 Abs. 1, 2 RBewG 1931) doch im wesentlichen auf Einzelbewertung der Gegenstände des Betriebsvermögens. Außerdem trifft der Zweck der genannten Vorschriften, die Bewertung zu erleichtern und zu vereinfachen, für Betriebsvermögen ebenso zu, wie für das übrige Vermögen."

---

[116] RStBl 1933, 875, 877.

Damit hatte der RFH aber die Bedeutung der §§ 147 ff. AO (= §§ 4 ff. BewG) verkannt. Zwar wurde zur AO 1919 die Auffassung vertreten, daß die §§ 141 ff. nur dann gelten, wenn die dort bezeichneten Gegenstände für sich allein zu bewerten seien. Dies geschah aber gerade in umgekehrter Blickrichtung, denn damit wurde begründet, daß insbesondere die §§ 147 bis 151 AO 1919 bei der Unternehmensbewertung nicht anzuwenden seien[117].

Auch die amtliche Begründung zur AO 1919 ging unzweideutig davon aus, daß für die Unternehmensbewertung die §§ 147 ff. keine Anwendung fänden und daß auch bedingte Rechte und Lasten bei der Ermittlung des Betriebsvermögens zu berücksichtigen seien. Denn es hieß hier[118]:

„Die §§ 141 bis 151 entsprechen im wesentlichen den Vorschriften des Besitzsteuergesetzes und des Gesetzes vom 9. 11. 1916 über die Festsetzung der Kurse ...
Die Einzelvorschriften gelten nur, wenn die Wertpapiere, Rechte oder Schulden selbständig zu bewerten sind. Gehören sie zu einer wirtschaftlichen Einheit, z. B. zu einem Betriebsvermögen, so können andere Grundsätze gelten; so werden z. B. bedingte Forderungen und Schulden im Handelsbetriebe in handelsüblicher Weise zu bewerten sein."

Zudem hatten die Vorschriften über die Behandlung bedingter Lasten ausschließlich verfahrensrechtliche Bedeutung, wie sich z. B. aus § 149 AO 1919 ergibt, in dem es heißt:

„Lasten, die vom Eintritt einer aufschiebenden Bedingung abhängen, werden nicht berücksichtigt. Tritt die Bedingung ein, so ist die Veranlagung auf Antrag entsprechend zu berichtigen."

Erst im BewG 1931 wurde diese Vorschrift durch die Worte: „Dies gilt nicht für die Veranlagung der laufenden Steuern" ergänzt.

Die AO 1919 ging somit zwar davon aus, daß die §§ 141 ff. — also auch die Vorschriften über die Bewertung bedingter Lasten — bei der Gesamtbewertung nicht anwendbar sind. Der von der herrschenden Meinung daraus gezogene Umkehrschluß, daß die Vorschriften bei der Einzelbewertung stets gelten und folglich auch bei einer Einzelbewertung des Betriebsvermögens anzuwenden seien, ist aber nicht berechtigt, läßt sich jedenfalls aus der amtlichen Begründung nicht ableiten.

Das VStG 1922 hat sich mit diesem Problem gar nicht beschäftigt, und auch aus den Gesetzesmaterialien ergibt sich nicht, daß von dem in der AO niedergelegten Grundsatz, bedingte Lasten bei der Ermittlung

---

[117] Vgl. *Enno Becker* (RAO) Vorbemerkung vor § 137 Anm. 5: „... insbesondere gelten also die Vorschriften des § 143 und der §§ 147 ff. nicht für die Bewertung von Forderungen, die zu einem Betriebsvermögen gehören.

[118] Amtliche Begründung, S. 589.

des Betriebsvermögens handelsüblich zu bewerten, abgewichen werden solle[119].

Auch das RBewG 1925 enthält keinerlei Vorschrift über die Behandlung bedingter Lasten. Da das RBewG 1925 die Einheitsbewertung
des Betriebsvermögens abweichend von der AO 1919 regelte, insbesondere den Grundsatz der Einzelbewertung einführte[120], wäre eine entsprechende Regelung aber notwendig gewesen, wenn der Gesetzgeber
die Anwendbarkeit der §§ 147 ff. AO hätte vorschreiben wollen[121]. Zwar
gelten nach § 31 Abs. 1 RBewG 1925 die Vorschriften der AO, insbesondere § 137 Abs. 1, § 138, auch für das Bewertungsrecht. Da aber nach
der AO 1919 die §§ 147 ff. bei der Unternehmensbewertung gerade
nicht gegolten haben, kann man die Anwendbarkeit der §§ 147 ff. AO
für das RBewG 1925 auch nicht über § 31 Abs. 1 RBewG 1925 konstru-
ieren.

Das RBewG 1931 übernahm in seinen §§ 3 ff. die §§ 147 ff. der AO
1919. Indessen geschah dies nur deshalb, weil alle Bewertungsvorschriften der Reichsabgabenordnung in das Bewertungsgesetz übernommen
werden sollten[122]. Sachlich sollte dadurch am bisherigen Rechtszustand
nichts geändert werden[123]. Insbesondere läßt sich aus den Gesetzesmaterialien nicht entnehmen, daß die §§ 3 ff. RBewG im Gegensatz zur
AO 1919 auch bei der Bewertung des Betriebsvermögens gelten sollten. Wenn der Gesetzgeber eine solche wesentliche Änderung beabsichtigt hätte, hätte man es den Materialien entnehmen können, selbst
wenn man berücksichtigt, daß das RBewG 1931 im Wege der Not-
verordnung nach Art. 48 Abs. 2 der Reichsverfassung entstanden ist.
Denn wesentliche Teile der Gesetzesmaterialien sind gleichwohl zu-
gänglich[124].

Wenn der RFH im Urteil vom 22. 6. 1933[125] meint, daß der Zweck
der genannten Vorschriften, nämlich die Bewertung zu vereinfachen,
für das Betriebsvermögen ebenso zutreffe, wie für das übrige Vermögen[126], so kann dies nicht überzeugen. Für das RBewG 1925, das der

---

[119] Vgl. oben viertes Kapitel A I.

[120] Vgl. oben viertes Kapitel A I.

[121] In den Gesetzesmaterialien ist kein Hinweis enthalten, aus dem geschlossen werden könnte, daß die Regelung der AO nicht weiter gelten
solle.

[122] *Dziegalowski / Thümen* § 1 Anm. 1.

[123] *Dziegalowski / Thümen* §§ 3 bis 7 Anm. 1; *Enno Becker* StuW 1926, 893.

[124] Vgl. *Dziegalowski / Thümen* S. 5 f.

[125] RStBl 1933, 875, 877.

[126] Im BFH-Urteil vom 30. 4. 1959, BStBl III 1959, 315, *316*, wird dies noch
einmal besonders herausgestellt und ausgeführt, der Gesetzgeber habe die
einfache Regelung aus der AO 1919 übernommen. Tatsächlich ist der Gesetzgeber in der AO 1919 gerade gegenteilig verfahren und hat die §§ 147 ff. AO
nur für das sonstige Vermögen vorgeschrieben.

RFH in diesem Urteil allein anzuwenden hatte, ist diese Begründung selbst dann unvertretbar, wenn die §§ 147 ff. AO 1919 auch für das RBewG 1925 anwendbar gewesen sein sollten. Denn dann hätte jedenfalls auch der Satz 2 des § 149 AO gegolten, wonach bei Eintritt der Bedingung sämtliche Veranlagungen rückwirkend zu korrigieren waren. Ein derartiges Verfahren ist unzweifelhaft nicht einfacher als eine schätzungsweise Berücksichtigung der wirtschaftlichen Belastung.

Aber auch für das RBewG 1931 und für die folgenden Gesetze geht der Vergleich des Betriebsvermögens mit dem übrigen Vermögen fehl. Beim sonstigen Vermögen, bei dem genauere Aufzeichnungen durch den Steuerpflichtigen durchweg nicht vorliegen, wäre es recht schwierig, die wirtschaftliche Belastung einer bedingten Schuld zu ermitteln, so daß die vergleichsweise grobe Regelung der §§ 4 ff. BewG unumgänglich ist. Dagegen ist die Bewertung des Betriebsvermögens ohnehin kompliziert und nur möglich, weil der Kaufmann durch seine Buchführung geeignete Unterlagen besitzt. Die Bewertung bedingter Forderungen und Lasten, die der Kaufmann ohnehin schon aus handels- und ertragsteuerlichen Gründen vornehmen muß, macht in dieser Situation keine nennenswerten Schwierigkeiten.

Wie oben eingehend begründet wurde, hatte die Änderung der Bewertungsmethode — von wenigen Ausnahmen abgesehen — keine materiell-rechtliche Bedeutung. Daher kann aus dem Übergang von der Gesamtbewertung zur Einzelbewertung auch nicht geschlossen werden, daß die §§ 4 ff. BewG bei der Bewertung des Betriebsvermögens angewendet werden müssen. Dem Urteil des RFH vom 22. 6. 1933[127] kann daher nicht gefolgt werden. Gleichwohl haben sich die gesamte spätere Rechtsprechung des RFH[128], des OFH[129] und des BFH[130] und die herrschende Meinung in der Literatur[131] dieser Entscheidung angeschlossen, ohne das Problematische der Begründung zu erkennen und aufzugreifen.

Aber auch das Stichtagsprinzip, auf das sich Rechtsprechung[132] und Literatur[133] weiterhin berufen, kann zur Stützung der herrschenden Meinung nicht herangezogen werden.

---

[127] RStBl 1933, 875, 877.

[128] RFH vom 29. 1. 1942, RStBl 1942, 511.

[129] OFH vom 19. 12. 1949, StuW 1950, Nr. 43.

[130] BFH vom 25. 10. 1951, BStBl III 1952, 37, 38; vom 4. 7. 1952, BStBl III 1952, 206, 207; vom 26. 7. 1957, BStBl III 1957, 314, 319; vom 30. 4. 1959, BStBl III 1959, 315, 316; vom 12. 7. 1968, BStBl II 1968, 794, 797.

[131] Vgl. oben drittes Kapitel B II 1.

[132] BFH vom 25. 10. 1951, BStBl III 1952, 37, 38; vom 26. 7. 1957, BStBl III 1957, 314, 319; vom 30. 4. 1959, BStBl III 1959, 315, 317; vom 8. 1. 1960, BStBl III 1960, 83, 86; vom 8. 9. 1961, BStBl III 1962, 19, 20; vom 21. 1. 1972, BStBl II 1972, 446, 447.

Wie auch der BFH erkennt[134], bedeutet das Stichtagsprinzip nichts anderes, als daß die wirtschaftlichen Verhältnisse des Stichtages zu berücksichtigen und später eintretende Änderungen unbeachtlich sind. Weshalb dieser Grundsatz etwas zur Abzugsfähigkeit bedingter Lasten besagt, ist nicht erkennbar und wird auch nicht dargelegt. Da die bedingten Lasten am Stichtag unzweifelhaft vorhanden sind, könnte man allenfalls, wie Weyer[135], sagen, daß die Nichtberücksichtigung bedingter Lasten dem Stichtagsprinzip widerspreche, die §§ 4 ff. BewG also durch das Stichtagsprinzip aufgehoben würden. Mit diesem Prinzip läßt sich hingegen jedenfalls nicht die herrschende Meinung begründen.

Allein das im Urteil vom 25. 10. 1951[136] angeführte Argument, daß im Zweiten Teil des Bewertungsgesetzes keine Vorschriften über die Behandlung von bedingten Lasten enthalten seien[137], ist geeignet, dieses Problem zu entscheiden. Wenn das zutrifft, gelten in der Tat gemäß § 17 Abs. 3, § 1 Abs. 1 BewG die §§ 4 ff. BewG auch für die Bewertung des Betriebsvermögens. Ob der Zweite Teil des Bewertungsgesetzes Vorschriften über die Bewertung bedingter Lasten enthält, kann indessen erst entschieden werden, nachdem Klarheit über die dem Bewertungsrecht zugrunde liegenden Prinzipien besteht. Die herrschende Meinung hat sich über solche Prinzipien keine Gedanken gemacht.

Auch das von der herrschenden Meinung abweichende Schrifttum vermag nicht zu überzeugen. Das gilt insbesondere für die Auffassung von Gübbels[138]. Gübbels geht zwar — an sich vielversprechend — vom Teilwertbegriff aus und entwickelt ein eigenes Prinzip, wenngleich dem BFH[139] zugegeben werden muß, daß sich dieses „Prinzip" inhaltlich von dem durch die herrschende Meinung begründeten Verfahren nicht unterscheidet. Dann leitet Gübbels aber sein Prinzip nicht weiter ab, sondern unternimmt einen terminologischen Trick, indem er sein Prinzip als das Prinzip der Gesamtbewertung bezeichnet. Nunmehr beruft er sich auf die Begründung zur AO 1919 und auf die herrschende Meinung, wonach bei der Gesamtbewertung die §§ 4 ff. BewG keine Anwendung finden. Daher seien auch bei der Bewertung des Betriebsvermögens §§ 4 ff. BewG unanwendbar.

---

[133] Vgl. *Friedlaender* StuW 1963, 340 f.; *Hüttel* S. 9; *Littmann / Förger* S. 249; *Meuschel* StbJb 1957/58, 345; *Mocker* BB 1972, 266; *Sidlo*, S. 14; *Stenger* S. 15 f.

[134] Vgl. BFH vom 8. 1. 1960, BStBl III 1960, 83, *85*.

[135] FR 1967, 339.

[136] BStBl III 1952, 37, *38*.

[137] So auch BFH vom 8. 1. 1960, BStBl III 1960, 83, *85*.

[138] Vgl. oben drittes Kapitel B II 1.

[139] BFH vom 12. 7. 1968, BStBl II 1968, 794, *796*.

Es überrascht nicht, daß Gübbels mit dieser Argumentation keinen Erfolg haben konnte. Denn die Gübbels'sche Theorie leidet an einem wesentlichen Mangel. Gübbels hätte nämlich begründen müssen, warum bei dem von ihm behaupteten Prinzip der Gesamtbewertung § 6 BewG unanwendbar sein soll. Die Berufung auf die herrschende Meinung genügt nicht, da diese ja von einem anderen Begriff der Gesamtbewertung ausgeht.

Auch die anderen Autoren, die abweichende Auffassungen vertreten[140], begründen ihre Meinung durchweg nur mit dem geltenden Gesamtbewertungs- oder Stichtagsprinzip. Sie erläutern indessen nicht, weshalb aus diesen Prinzipien die behaupteten Ergebnisse folgen.

Daß bei diesem methodischen Wirrwarr die von Rechtsprechung und Literatur vertretenen Auffassungen auch im Ergebnis nicht überzeugen können, liegt auf der Hand. Am deutlichsten zeigt sich das bei der Rechtsprechung zur Abzugsfähigkeit von Pensionsrückstellungen[141]. Ursprünglich wurde der Abzug dieser Rückstellungen abgelehnt, weil insoweit nur Anwartschaften vorlägen. Dann stand § 6 BewG ihrem Abzug entgegen. Später sollten mehr als hundert Zusagen eine zu berücksichtigende Schuld begründen. Schließlich wurde die uneingeschränkte Abzugsfähigkeit mit einem Analogieschluß begründet, ohne daß indessen untersucht wurde, ob die methodischen Voraussetzungen für eine Analogie vorlagen.

Offenkundiger kann nicht demonstriert werden, daß die Gerichte im Grunde genommen hilflos sind und keine klare Linie gefunden haben. Das wird durch den Blick auf die Entscheidungen über die Abzugsfähigkeit von Rückstellungen für Haftungsverbindlichkeiten noch bestätigt.

Während der RFH ursprünglich Rückstellungen für Garantieverpflichtungen als Schuldposten behandelte[142], verwarf er das später, weil diese Schuld aufschiebend bedingt sei[143]. Von dieser Begründung rückte der BFH wieder ab[144] und befand, daß der Abzug dem Stichtagsprinzip widerspreche. Aus dem Stichtagsprinzip folge, daß der Unternehmer zukünftige Ausgaben nicht absetzen könne, auch wenn sie auf Betriebsvorfällen der Vergangenheit beruhten[145].

---

[140] Vgl. oben drittes Kapitel B II 1.
[141] Vgl. oben drittes Kapitel B I 3 a.
[142] RFH vom 15. 3. 1927, StuW 1927, Nr. 495, S. 670.
[143] RFH vom 24. 6. 1937, RStBl 1937, 972.
[144] BFH vom 8. 1. 1960, BStBl III 1960, 83, *86*; vgl. auch *Friedlaender* StuW 1963, 344 f.; *Hüttel* S. 27; *Peusquens* S. 49.
[145] BStBl III 1960, 83, *86*.

Wenn der BFH damit meint, daß die Rückstellung schon deshalb nicht anerkannt werden könne, weil die Zahlung nach dem Stichtag erfolge, dann dürften überhaupt keine Schuldposten abgezogen werden. Jede in der Bilanz angesetzte Schuld wird nach dem Stichtag bezahlt. Wenn der BFH aber nicht den Zahlungsvorgang im Auge hat, dann ist völlig unklar, was mit zukünftigen Ausgaben gemeint ist. Die wirtschaftliche Belastung liegt nicht in der Zukunft, da solche Rückstellungen ja auch ertragsteuerlich nur gebildet werden können, wenn die den Anspruch begründenden Schäden am Stichtag bereits objektiv vorgelegen haben. Auch zivilrechtlich entstehen die Ansprüche der Abnehmer nicht erst nach dem Abschlußzeitpunkt. Die Gewährleistungsverpflichtung entsteht bereits mit der Lieferung der mangelhaften Sache.

Auch die wirtschaftliche Belastung trifft den Unternehmer nicht erst mit der Geltendmachung des Anspruchs. Vielmehr ist er vom Zeitpunkt der Auslieferung an auch wirtschaftlich verpflichtet, den Mangel zu beseitigen. Im übrigen ist die Rückstellung auch ertragsteuerlich nur zulässig, wenn der Betrieb am Bilanzstichtag mit der Schuld wirtschaftlich belastet ist.

Die gleichen Einwände gelten auch hinsichtlich der Rechtsprechung über die Rückstellungen für Wechselobligo und Bürgschaftsverpflichtungen. Abgesehen davon, daß Bürgschaftsverpflichtungen vom BFH[146] zu Unrecht als aufschiebend bedingt angesehen werden[147], handelt es sich insoweit nicht um künftige Aufwendungen. Insbesondere das Urteil vom 21. 1. 1972[148] verkennt dies. Das Stichtagsprinzip, das der BFH hier ebenfalls herangezogen hat, sagt zu dieser Frage nichts, wie auch das Finanzgericht Niedersachsen im Urteil vom 30. 10. 1970[149] zutreffend dargelegt hat.

Völlig unbefriedigend und daher zu Recht kritisiert worden[150] ist die Rechtsprechung zu den Rückstellungen für die Körperschaftsteuer und für Dividendenzahlungen[151]. Hier wird deutlich, daß man das Problem des Schuldabzugs mit § 6 BewG nicht befriedigend lösen kann. Es liegt auf der Hand, daß eine Kapitalgesellschaft am Stichtag entweder keine Rückstellung für die Dividendenzahlung ansetzen darf — dann aber auch folgerichtig die Dividendenzahlung bei der Berechnung der Körperschaftsteuerrückstellung nicht berücksichtigt zu werden braucht — oder, daß umgekehrt, die spätere Dividendenzahlung als Schuldposten

---

146 BFH vom 7. 10. 1960, BStBl III 1960, 508.
147 So schon *Friedlaender* StuW 1963, 348.
148 BStBl II 1972, 446, 447.
149 EFG 1971, 123 f.
150 *Martin* FR 1972, 361; *Spital-Frenking* DB 1970, 17 ff.; ders. DB 1972, 1796.
151 Vgl. oben drittes Kapitel B I 3 c.

das Vermögen mindert und dafür die Körperschaftsteuerrückstellung unter Berücksichtigung der Ausschüttung gebildet wird. Die von der Rechtsprechung vertretene Auffassung mag fiskalisch günstig sein. Als gerecht oder auch nur vertretbar kann man diese Lösung indessen nicht bezeichnen.

D. Systematisch-teleologische Ableitung der eigenen Auffassung

I. Ausgangspunkt und Grundlegung; Maßgeblichkeit der system-tragenden Prinzipien der Vermögensteuer

Die bisherige Darstellung hat gezeigt, daß die von der Rechtsprechung und der Literatur bisher erarbeiteten Grundsätze ungeeignet sind, die hier aufgeworfenen Probleme befriedigend zu lösen.

Im folgenden soll daher, wie schon im Ersten Kapitel dargelegt, ein anderer Weg beschritten werden. Die beschriebenen Auffassungen haben durchweg den Mangel, daß sie nur einzelne Normen des Bewertungsgesetzes für sich zu interpretieren suchen, wobei der Orientierungsmaßstab fehlt, wenn man von den Schlagworten der Einzel- oder Gesamtbewertung absieht, sowie davon, daß die Auslegung häufig vom gewünschten Ergebnis beeinflußt ist. Welche Grundprinzipien (oder Grundwertungen) dem Bewertungsgesetz zugrunde liegen und wieweit diese Prinzipien die Auslegung der einzelnen Normen bestimmen, ist nicht untersucht worden.

Damit soll nicht gesagt sein, daß nicht auch schon bisher „Prinzipien" herangezogen wurden, um ein bestimmtes Ergebnis zu stützen. Insbesondere ist hier das Stichtagsprinzip bzw. das statische Prinzip zu nennen[152]. Der Inhalt dieses Prinzips ist indessen, da es ein bloß technisches Prinzip ist[153], unergiebig. Es soll nämlich nicht mehr besagen, als daß die Verhältnisse des Stichtags maßgebend sind. Darüber hinaus soll aus dem Stichtagsprinzip folgen, daß bestimmte, insbesondere aufschiebend bedingte Rückstellungen nicht als Schuldposten abgezogen werden können[154]. Weshalb dies allerdings aus dem Stichtagsprinzip folgt, wird nicht erläutert. Tatsächlich vermag das Stichtagsprinzip als technisches Prinzip diese Ableitung nicht zu tragen.

Andererseits hat man ein „Prinzip" oder Ziel des Bewertungsgesetzes darin gesehen, den in Währungseinheiten ausgedrückten Wert von

---

[152] Vgl. BFH vom 25. 10. 1951, BStBl III 1952, 37, 38; vom 8. 1. 1960, BStBl III 1960, 83, 86; vom 21. 1. 1972, BStBl II 1972, 446, 447; *Hüttel* S. 8 f.; *Ley* S. 30 f.; *Mocker* BB 1972, 266; *Stenner* S. 15; *Weyer* FR 1967, 339.

[153] Zu diesem Begriff *Tipke* (Steuerrecht) S. 15.

[154] BFH vom 8. 1. 1960, BStBl III 1960, 83, 85; vom 21. 1. 1972, BStBl II 1972, 446, 447; *Gürsching* Inf A 1960, 102; *Hüttel* S. 9.

Wirtschaftsgütern[155] zu ermitteln oder ihren Wert im gewöhnlichen wirtschaftlichen Verkehr[156] oder für den Betrieb[157] zu ermitteln. Da damit aber in keiner Weise gesagt ist, *wie* zu bewerten ist, scheiden derartige Ansätze zur Ermittlung von Grundprinzipien aus. Wenn Noack schließlich den Sinn des Bewertungsrechts darin sieht, daß nur veräußerliche Werte erfaßt werden sollen[158], so ist dies nichts als eine Behauptung.

Ein weiteres Ziel — oder wie wir hier besser sagen: Prinzip — soll darin bestehen, eine einheitliche Bewertung des Vermögens für verschiedene Steuerzwecke zu gewährleisten[159]. Da dies auch schon in den amtlichen Begründungen zum RBewG 1925 gesagt wurde[160], somit dieser Punkt für die Ermittlung von Grundwertungen zumindest bedeutsam sein kann, ist der Gedanke eingehender zu untersuchen.

In der Tat wurde es vor Schaffung des Bewertungsgesetzes als unbefriedigend angesehen, daß der Wert eines Gegenstandes für verschiedene Steuerzwecke immer wieder neu ermittelt werden mußte[161]. Indessen war dies aber nur ein Motiv dafür, die Bewertung in *einem besonderen* Gesetz zu regeln bzw. eine *Einheits*bewertung anzuordnen. Irgendwelche Bewertungsprinzipien lassen sich daraus nicht ableiten, denn die steuerbaren Gegenstände mußten auch schon vorher bewertet werden.

Darüber hinaus hat der Gesetzgeber den Gedanken der einheitlichen und für alle Steuerarten bindenden Bewertung gar nicht verwirklicht. Aus § 1 Abs. 1 BewG könnte man zwar auf einen weiten Aktionsradius des BewG schließen. Aber schon § 1 Abs. 2 schränkt den Anwendungsbereich erheblich ein. Denn danach gelten die Allgemeinen Bewertungsvorschriften des Bewertungsgesetzes nur, soweit nichts Besonderes angeordnet ist.

Die Besonderen Bewertungsvorschriften der §§ 18 - 121 BewG gelten nach der ausdrücklichen Vorschrift des § 17 Abs. 1 BewG *nur* für die Vermögensteuer. § 17 Abs. 2 BewG läßt zwar die Anwendung des Einheitswerts auch für die Grundsteuer, die Gewerbesteuer und die Erbschaftsteuer zu, wenn das Grundsteuergesetz, das Gewerbesteuerge-

---

[155] *Hüttel* S. 4.
[156] RFH vom 2. 10. 1941, RStBl 1941, 926.
[157] *Ley* S. 37.
[158] S. 23.
[159] RFH vom 28. 2. 1930, RStBl 1930, 287, *288; Gürsching / Stenger,* Einf. BewG Anm. 18; *Haider / Engel / Dürschke,* BewG Einl. S. 5; *Schnitzler* S. 31, *Segitz* S. 24.
[160] Amtliche Begründung S. 21.
[161] Vgl. Amtliche Begründung RBewG 1925 S. 21.

setz und das Erbschaftsteuergesetz dies anordnen. Da der Gesetzgeber im Grundsteuergesetz, Gewerbesteuergesetz und Erbschaftsteuergesetz aber an den nach dem Bewertungsgesetz ermittelten Einheitswert auch dann anknüpfen dürfte, wenn dies nicht in § 17 Abs. 2 BewG erlaubt wäre, hat § 17 Abs. 2 BewG keine selbständige Bedeutung. Der Anwendungsbereich der Besonderen Bewertungsvorschriften wird somit allein durch § 17 Abs. 1 BewG bestimmt.

Das Bewertungsgesetz gilt damit unmittelbar nur für die Vermögensteuer. Man hätte die Bewertung ohne Schwierigkeiten auch im Vermögensteuergesetz regeln können, wie es z. B. im VStG 1922 und im VStG 1924 geschehen ist. Sachlich ist das Bewertungsgesetz nichts anderes als ein Teil des Vermögensteuergesetzes. Es zeigt sich somit, daß das Ziel, eine einheitliche Bewertung des Vermögens für alle oder doch möglichst viele Steuerarten zu schaffen, nicht verwirklicht worden ist[162]. Dieser Gesichtspunkt ist folglich nicht Bestandteil eines Systems oder einer Grundwertung geworden.

Die dem Bewertungsgesetz zugrunde liegenden Grundwertungen können vielmehr nur im Hinblick darauf ermittelt werden, daß das Bewertungsgesetz sachlich ein Teil des Vermögensteuergesetzes ist. Die Prinzipien des Bewertungsgesetzes sind Teil des Systems der Vermögensbesteuerung und daher unter Berücksichtigung des Systems des Vermögensteuergesetzes zu ermitteln[163].

Es kann nun allerdings sein, daß dadurch Ergebnisse erzielt werden, die im Hinblick auf die Vermögensteuer systemkonform sind, aber z. B. erbschaftsteuerlichen oder gewerbesteuerlichen Grundwertungen widersprechen. Das soll hier aber nicht untersucht werden. Denn selbst dann, wenn der vermögensteuerlich systemgerechte Einheitswert eines Unternehmens dem Erbschaftsteuersystem widersprechen würde, bliebe der Einheitswert gültig und systemkonform. Der erbschaftsteuerliche Systembruch würde nicht durch das Bewertungsgesetz, sondern durch § 23 ErbStG verursacht. Dies könnte daher allenfalls zur Ungültigkeit von § 23 ErbStG führen, nicht aber das System des Bewertungsgesetzes beeinflussen. Die Ermittlung der Grundwertungen

---

[162] Da die verschiedenen Steuerarten zum großen Teil verschiedene Zwecke verfolgen, war dieses Ziel wohl auch nicht erreichbar.

[163] *Klaus Becker*, S. 25, hat ebenfalls zur Auslegung des Bewertungsgesetzes auf die Vermögensteuer rekurriert, da sie die engste Beziehung zur Einheitsbewertung habe. Auch *Felix*, DStR 1962/63, 278, hält es für gerechtfertigt, zur Auslegung des Bewertungsgesetzes an die Zwecksetzungen der einzelnen Steuern anzuknüpfen, ohne dies dann jedoch durchzuführen. Nach *Friedlaender*, StuW 1963, 357 f. und *Laule*, FR 1966, 525 (Fn. 33) besagen dagegen die einzelnen Steuergesetze über die Grundsätze des Bewertungsgesetzes nichts.

der verschiedenen Steuern, die in irgendeiner Weise an den Einheitswert anknüpfen[164], ist daher hier entbehrlich.

II. Systemtragende Prinzipien der Vermögensteuer

1. Die obersten Prinzipien des Vermögensteuergesetzes

Um die Prinzipien des Vermögensteuergesetzes aufzudecken, emp-
fiehlt es sich, die neuere historische Entwicklung der Vermögensteuer
mit in Betracht zu ziehen. Steuern, die in irgendeiner Weise am Vermögen, insbesondere am Grund und Boden anknüpfen, gehören zu den
ältesten Steuern[165]. Indessen haben diese zum Teil schon im Mittel-
alter vorkommenden Steuern mit der heute erhobenen Vermögensteuer
wenig gemein, so daß es eines Eingehens hierauf nicht bedarf.

Grundlage der heutigen Vermögensteuer ist die schon mehrfach erwähnte Preußische Ergänzungsteuer, die keine reelle, sondern eine
nominelle Vermögensteuer gewesen ist. Als nominelle Vermögensteuer
bezeichnet man eine Vermögensteuer, die nicht aus dem Vermögen,
sondern aus dem Ertrag des Vermögens bezahlt werden soll[166].

Das Ziel, daß die Preußische Ergänzungsteuer verfolgte, läßt sich
aus der Begründung zu § 1 des Gesetzentwurfs entnehmen[167]:

„Im künftigen Systeme der direkten Staatsteuern hat die Ergänzungsteuer
eine dreifache Aufgabe zu erfüllen: sie soll die Unterscheidung in der Heran-
ziehung des fundierten und des nichtfundierten Einkommens zu den Staats-
lasten herbeiführen, sie soll ferner ergänzend eintreten, wo die Formen der
Einkommensteuer behufs angemessener Erfassung leistungsfähiger Elemente
nicht ausreicht, sie soll endlich die Finanzgebahrung des Staates stärken,
ihr eine sichere Grundlage geben. Die Anschauung, daß dem sogenannten
fundierten, d. h. auf Besitz gegründeten Einkommen im Vergleiche zu dem
Arbeitseinkommen im allgemeinen eine größere Steuerkraft beiwohne, ist
so weit verbreitet wie berechtigt und bedarf einer besonderen Begründung
an dieser Stelle nicht. Es genügt darauf hinzuweisen, daß das Einkommen
aus der persönlichen Arbeit von der Arbeitskraft und der Fortdauer der
Persönlichkeit abhängt, mit dieser erlischt, daß somit der auf dieses Einkommen Angewiesene bei vernünftiger Wirtschaft durch rechtzeitige Rücklagen aus dem laufenden Einkommen seinen und seiner Angehörigen Le-
bensunterhalt für den Fall unterbrochener oder aufgehobener Arbeitsfähig-
keit sicherstellen muß. Wer Einkommen aus anderen, die Person überdau-
ernden Quellen bezieht, hat diese Vorsorge nicht oder doch nicht in demselben Umfange zu treffen, bei gleichem Einkommen und unter sonst gleichen

---

[164] Das sind z. Z. Einkommensteuer (Einfamilienhausverordnung, GDL),
Gewerbesteuer (§ 12 GewStG), Grunderwerbsteuer (§ 12 GrEStG), Erbschaftsteuer (§ 23 ErbStG) und die Grundsteuer (§ 10 GrStG).

[165] Vgl. *Körner* S. 26 ff.; *Moll* S. 64 ff.

[166] Vgl. *Kamp / Müssener / Scheer*, S. 106 f.; *Tipke* (Steuerrechtswissenschaft) S. 217 f.; *Grossmann*, Handbuch der Finanzwissenschaft S. 527.

[167] Zitiert nach *Fuisting* (ErgStG) § 1 Anm. 1.

Verhältnissen daher einen größeren Betrag für die laufenden Bedürfnisse und für die Erfüllung der Beitragspflicht zu den öffentlichen Lasten zur Verfügung."

Auch die parlamentarische Kommission, die den Gesetzesentwurf beriet, ging davon aus, daß die Inhaber des fundierten, d. h. auf Besitz gegründeten Einkommens eine größere Leistungsfähigkeit hätten als die Bezieher von Arbeitseinkommen, da das Arbeitseinkommen infolge von Krankheit, Alter, Tod usw. beeinträchtigt sei[168].

Dem preußischen Beispiel folgend wurde die Vermögensteuer nach und nach auch in anderen Bundesstaaten eingeführt, 1899 in Braunschweig und Hessen-Darmstadt, 1902 in Sachsen und 1918 in Bayern[169].

Nachdem durch Art. 8 der Reichsverfassung vom 11. 8. 1919 das Hoheitsrecht der direkten Besteuerung auf das Reich übergegangen war, wurde das VStG 1922 erlassen. Dieses sollte ebenfalls eine nominelle Vermögensteuer zum Zweck der Vorbelastung des fundierten Einkommens einführen und knüpfte an das Preußische Ergänzungsteuergesetz an[170]. Die rapide einsetzende Inflation machte die Durchführung der Vermögensbesteuerung indessen unmöglich, so daß die Veranlagungsarbeiten hierzu alsbald wieder eingestellt wurden[171].

Erst das VStG 1924 und insbesondere das VStG 1925 führten die Vermögensteuer endgültig im Reich ein. Diese Gesetze entsprachen ebenfalls dem Preußischen Ergänzungsteuergesetz und sollten eine zusätzliche Belastung des fundierten Einkommens bringen[172].

Die heute geltende Vermögensteuer geht vom gleichen Prinzip aus. Sie soll die Einkommensteuer ergänzen und das fundierte Einkommen zusätzlich belasten, da der Vermögensbesitzer als wirtschaftlich leistungsfähiger gilt[173].

Dabei ist indessen zu beachten, daß die Erfassung des fundierten Einkommens nicht etwa bedeutet, daß die Vermögensteuer eine zusätzliche Einkommensteuer ist, denn dann hätte es lediglich eines besonderen

---

[168] Vgl. Bericht der X. Kommission über den Entwurf eines Ergänzungsteuergesetzes vom 22. 3. 1893 Nr. 127 der Drucksachen (V. Session 1892/93) S. 2; zitiert nach *Kamp / Müssener / Scheer* S. 112; vgl. auch Institut Finanzen und Steuern Heft 100 S. 19.

[169] Nachweise bei *Kamp / Müssener / Scheer* S. 112.

[170] Vgl. amtl. Begründung zum VStG 1922, S. 14; *Sauer* S. 96; *Strutz* (VStG 1922) S. 13.

[171] Vgl. § 12 der VO vom 11. 10. 1923, RGBl I 1923, 939.

[172] Vgl. *Beuck* (VStG) S. 48; *Körner* S. 124 f.

[173] Vgl. *Fischer* S. 14 f.; *Institut Finanzen und Steuern*, Heft 100 S. 25 f.; *Kamp / Müssener / Scheer* S. 105; *Körner* S. 19; *Noack* S. 10; *Sauer* S. 54 ff.; *Thomä* VJStFR 1927, S. 325; *Tipke* (Steuerrechtswissenschaft) S. 217 f.; *Wündisch* FR 1971, 85; kritisch dazu *Fuisting* (Grundzüge) S. 86 ff.

Einkommensteuertarifs für die Vermögenseinkünfte bedurft[174]. Da die Vermögensteuer jedoch grundsätzlich keine Rücksicht darauf nimmt, wie hoch der wirkliche Ertrag des Vermögens ist, vielmehr auch ertragsloses Vermögen (Schmuck, Bauland, unverzinsliche Darlehen etc.) erfaßt, ist sie eine Art von Sollertragsteuer[175]. Sie knüpft nicht an die im tatsächlichen Vermögensertrag liegende Leistungsfähigkeit an, sondern an die im Vermögen begründete potentielle Leistungsfähigkeit[176].

Dies wird verkannt, wenn ein Gegenstand deshalb als nicht vermögensteuerbar angesehen wird, weil er ertragslos ist[177]. Dadurch ist nicht gesagt, daß die Ertragskraft eines Gegenstandes für seine Bewertung bedeutungslos sein muß. In der Regel wird der Wert eines Vermögens entscheidend durch seinen Ertrag bestimmt. Dazu gehört aber nicht nur der laufend erzielbare Ertrag. Auch der bei der Veräußerung realisierbare Ertrag — z. B. eines Schmuckstückes — muß berücksichtigt werden.

Damit haben wir die ersten Bausteine zur Ermittlung des Pyramidensystems der Prinzipien oder Wertungen[178] erkannt. Oberstes Prinzip auch der Vermögensteuer ist das Prinzip der Besteuerung nach der Leistungsfähigkeit. Folgewertung ist das Prinzip, daß der Besitz bzw. das Vermögen Indikator der Leistungsfähigkeit ist.

Zur Klarstellung soll hier darauf hingewiesen werden, daß die Steuerrechtswissenschaft und -rechtsprechung nicht prüfen darf, ob ein Prinzip vertretbar ist. Der Gesetzgeber ist kraft seiner demokratischen Legitimation berechtigt, jedes Prinzip frei zu bestimmen. Es darf nur geprüft werden, ob der Gesetzgeber die von ihm gesetzten Prinzipien konsequent durchgeführt hat und ob sie höherrangigen Wertungen widersprechen.

So gehört es zwar zur Aufgabe der Rechtswissenschaft zu untersuchen, ob das Prinzip, daß das Vermögen Indikator der Leistungsfähigkeit ist, dem höherrangigen Prinzip der Besteuerung der Leistungsfähigkeit widerspricht. Dagegen ist der Einwand nicht zulässig, daß das Vermögen ein schlechter Maßstab für die Leistungsfähigkeit sei[179]. Nur wenn nachgewiesen würde, daß der Wert eines Vermögens mit der wirtschaftlichen Leistungsfähigkeit seines Besitzers überhaupt nichts zu tun habe, die Besteuerung des Vermögens daher keine Folgewertung des Leistungsfähigkeitsprinzips sein könne, läge ein Systembruch vor.

---

174 Vgl. *Fuisting* (Grundzüge) S. 288.
175 Vgl. *Haller* S. 340.
176 *Sauer* S. 56 f., S. 90; vgl. auch *Moll* S. 5; *Thümen* S. 37.
177 So wohl *Fischer* S. 21 f.; *Fuisting* (Grundzüge) S. 280 f.; *Noack* S. 10.
178 Vgl. oben erstes Kapitel.
179 So wohl *Fuisting* (Grundzüge) S. 86; *Kamp / Müssener / Scheer* S. 143 ff.

Selbstverständlich darf der Finanzwissenschaftler oder -politiker prüfen, ob eine Vermögensteuer gerechtfertigt ist, und auch dem Juristen ist es nicht verwehrt, Einwände gegen die Besteuerung des Vermögens zu erheben. Nur muß man sich darüber klar sein, daß dies dann keine juristische, sondern eine finanzpolitische Kritik ist. Ein aus solchen Überlegungen folgendes Ergebnis kann folglich mit juristischen Mitteln, z. B. des Verfassungsrechts, nicht durchgesetzt werden.

Mit den bisher erkannten zwei Prinzipien ist noch nicht viel gewonnen. Es ist ganz offensichtlich, daß noch mindestens ein weiteres Sekundärprinzip (Folgewertung) aufgedeckt werden muß, bevor ein für die Auslegung brauchbares System vorliegt, nämlich die eigentlichen Bewertungsprinzipien. Erst wenn klargestellt ist, welche Bewertungsprinzipien nach Auffassung des Gesetzgebers geeignet sind, die im Vermögen liegende Leistungsfähigkeit zu quantifizieren, ist das System vollständig.

Das Vermögensteuergesetz selbst enthält diese Prinzipien der Bewertung nicht, verweist stattdessen auf das Bewertungsgesetz. Man könnte daher sagen, daß durch die Aufdeckung des Systems des Vermögensteuergesetzes nichts gewonnen sei, da die entscheidenden Prinzipien ja doch nur im Bewertungsgesetz gefunden werden könnten. Diese Überlegung verkennt indessen, daß die Bewertungsprinzipien Folgewertungen innerhalb des Systems der Vermögensbesteuerung darstellen. Daher können die Bewertungsprinzipien ohne Herausarbeitung der vermögensteuerlichen Grundprinzipien nicht methodisch begründet, abgeleitet und abgegrenzt werden.

2. Die Bewertungsprinzipien

a) Prinzip der Bewertung nach dem gemeinen Wert

Die Ermittlung des allgemeinen Bewertungsprinzips, das dem Bewertungsgesetz zugrunde liegt, ist nicht besonders schwierig, da das Gesetz selbst einen eindeutigen Hinweis gibt. Denn die Überschrift von § 9 BewG lautet: „Bewertungsgrundsatz, gemeiner Wert". Das spricht dafür, daß die Bewertung zum gemeinen Wert mindestens ein Prinzip ist, wobei es hier dahinstehen kann, ob es noch weitere Prinzipien gibt. Nach § 9 BewG ist, soweit nichts anderes vorgeschrieben ist, der gemeine Wert maßgebend. Dieser ist in § 9 Abs. 2 BewG als der im gewöhnlichen Geschäftsverkehr erzielbare Veräußerungspreis definiert.

Der Begriff des gemeinen Wertes läßt sich bis auf das Preußische Allgemeine Landrecht von 1791 zurückführen, wo es in Teil I Titel II § 112 heißt[180]:

---

[180] Vgl. *Segitz* S. 27; *Schnitzler* S. 7.

„Der Nutzen, welchen die Sache einem jeden Besitzer gewähren kann, ist ihr gemeiner Wert."

Das Reichsgericht entwickelte den gemeinen Wert vom Nutzungswert zum Verkaufswert hin und führte im Urteil vom 19. 6. 1879 aus[181]:

„Den gemeinen Wert einer Sache bildet nach § 112 Abs. 1, 2 daselbst der Nutzen, welchen sie einem jeden Besitzer gewähren kann. Er entspricht daher regelmäßig dem Kaufpreise, welcher dafür im gewöhnlichen Geschäftsverkehr nach ihrer objektiven Beschaffenheit ohne Rücksicht auf ungewöhnliche oder lediglich persönliche Verhältnisse, also eben von jedermann zu erzielen ist."

Schon das Preußische Ergänzungsteuergesetz von 1893 knüpfte hieran an und bestimmte in § 9, daß der gemeine Wert der einzelnen Teile des Vermögens der Veranlagung zugrunde zu legen sei. Nach Art. 5 der Ausführungsanweisung war der gemeine Wert derjenige Wert, den ein Vermögensgegenstand für jeden Besitzer haben kann.

Wie Fuisting ausführte, war damit die Frage aber nicht gelöst, auf welcher Grundlage dieser Wert zu ermitteln sei[182]. Den Ausführungen von Miquel[183], des damaligen preußischen Finanzministers, vor dem Abgeordnetenhaus folgend, wurde der gemeine Wert auch für die Ergänzungsteuer nach dem Verkaufswert der Sache ermittelt[184].

Dem folgte auch die Reichsabgabenordnung von 1919, die in § 138 Abs. 1 bestimmte:

„Der gemeine Wert wird durch den Preis bestimmt, der im gewöhnlichen Geschäftsverkehr nach der Beschaffenheit des Gegenstandes unter Berücksichtigung aller den Preis beeinflussenden Umstände bei einer Veräußerung zu erzielen wäre; ungewöhnliche oder lediglich persönliche Verhältnisse sind nicht zu berücksichtigen."

Das VStG 1922, das VStG 1924 und das BewG 1925 knüpften insoweit an die AO 1919 an. Auch das BewG 1931[185] und das BewG 1935 enthielten diesen Bewertungsgrundsatz. Das BewG 1965 hat in diesem Punkt ebenfalls keine Änderung gebracht.

Diese historische Entwicklung bestätigt, daß der gemeine Wert als Verkaufswert eine fundamental-prinzipielle Bedeutung hat.

---

[181] Zitiert nach *Schnitzler* S. 8.

[182] *Fuisting* (ErgStG) § 9 Anm. 6 A.

[183] Vgl. *Fuisting* (ErgStG) § 9 Anm. 6 B; *Körner* S. 87.

[184] OVG vom 30. 4. 1896, OVGSt Bd. 5, 112, *LS 3;* vom 17. 5. 1897, OVGSt Bd. 6, 30, *32 f.; Fuisting* (ErgStG) § 9 Anm. 6 A; *Körner* S. 94.

[185] § 9: „Bei der Bewertung ist, soweit nichts anderes vorgeschrieben ist, der gemeine Wert zugrunde zu legen."

§ 10: „Der gemeine Wert wird durch den Preis bestimmt, der im gewöhnlichen Geschäftsverkehr nach der Beschaffenheit des Gegenstandes unter Berücksichtigung aller den Preis beeinflussenden Umstände bei einer Veräußerung zu erzielen wäre; ungewöhnliche oder lediglich persönliche Verhältnisse sind nicht zu berücksichtigen."

Die für die Bewertung von Wertpapieren maßgebenden Kurswerte[186] sowie die Werte, die nach dem Sachwert- und dem Ertragswertverfahren zur Grundstücksbewertung[187] und nach dem Ertragswertverfahren zur Bewertung des land- und forstwirtschaftlichen Vermögens[188] zu ermitteln sind, gelten ebenfalls lediglich als besondere Erscheinungsformen des gemeinen Werts[189].

Es kann daher dem Bundesverfassungsgericht zugestimmt werden, das im Urteil vom 7. 5. 1968[190] ausgeführt hat:

„Das Bewertungsgesetz enthält als Grundsatz die Bewertung mit dem gemeinen Wert. Dieser Maßstab erscheint im Bewertungsrecht auch von der geregelten Materie her vorgegeben. Als der in einem Geldnennbetrag ausgedrückte Preis eines Wirtschaftsgutes deckt er sich grundsätzlich mit dem Maßstab, nach welchem auch das Geldvermögen zur Vermögensteuer herangezogen wird (Nennbetrag). An einem solchen einmal gewählten und der Natur der Sache entsprechenden Grundsatz für die Bewertung geldwerten Vermögens muß der Gesetzgeber, will er nicht gegen den Gleichheitssatz verstoßen, folgerichtig festhalten. Hierfür spricht auch die Erwägung, daß kein anderer Bewertungsmaßstab ersichtlich ist, der die ihm zukommende Funktion, eine gerechte und gleichmäßige Besteuerung zu gewährleisten, erfüllen könnte. In Erkenntnis dieses Systemzusammenhangs hat der Gesetzgeber auch im Bewertungsgesetz 1965 an dem Prinzip gleicher Wertmaßstäbe grundsätzlich festgehalten[191]."

Es bleibt nun, entsprechend den oben gemachten Ausführungen, zu prüfen, ob dieses Bewertungsprinzip dem vermögensteuerlichen System entspricht, ihm eingeordnet werden kann.

Das System der Vermögensteuer erfordert, daß das Vermögen gleichmäßig zur Steuer herangezogen wird, da nach der Grundwertung des Gesetzgebers das Vermögen die steuerliche Leistungsfähigkeit begründet[192]. Durch das Prinzip der Bewertung nach dem gemeinen Wert, d. h. nach dem Verkaufswert, wird ein Vermögensgegenstand nur dann nicht besteuert, wenn er keinen Verkaufswert hat. Dies ist systemgerecht, da ein solcher Gegenstand die Leistungsfähigkeit seines Besitzers nicht

---

[186] Vgl. BVerfG vom 7. 5. 1968, BVerfGE 23, 242, *251*.

[187] *Falterbaum* S. 263 ff., S. 272; *Rössler / Troll* § 9 Anm. 3.

[188] BVerfG vom 7. 5. 1968, BVerfGE 23, 242, *251 f.*

[189] Ob dies hinsichtlich der Bewertung des Grundbesitzes wirklich zutrifft, darf allerdings bezweifelt werden. Mit großer Wahrscheinlichkeit entsprechen die zur Zeit geltenden Einheitswerte für den Grundbesitz nicht dem gemeinen Wert. Dies gilt selbst für die Einheitswerte zum 1. 1. 1964. Der darin liegende Systembruch wird in dieser Arbeit aber nicht untersucht.

[190] BVerfGE 23, 242, *256.*

[191] Auch der BFH geht im Urteil vom 2. 2. 1973, BStBl II 1973, 472, *474*, von dem Grundsatz der Bewertung mit dem gemeinen Wert aus.

[192] Vgl. *Haller* S. 340, nach dem die Vermögensteuer alle Teile des Vermögens realistisch besteuern muß und nicht einzelne Vermögensarten mit fiktiven niedrigeren Werten, andere mit höchsten Marktwerten erfassen darf.

erhöht[193]. Das Prinzip der Bewertung zum gemeinen Wert ist daher systemkonform.

Damit haben wir das allgemeine Bewertungsprinzip herausgearbeitet. Das Vermögen ist grundsätzlich mit dem gemeinen Wert, d. h. mit dem Verkaufswert, zu bewerten[194].

Nicht zugestimmt werden kann Klaus Becker[195], wenn er der Vermögensteuer eine substanzbezogene Bewertung zugrunde legt. Klaus Becker geht zwar zu Recht davon aus, daß die Vermögensteuer keine Rücksicht darauf nimmt, welchen Ertrag das Vermögen abwirft, sondern auch ertragsloses Vermögen besteuert. Daraus folgt aber nicht, daß die Vermögensteuer nur an den Substanzwert anknüpfen darf und Ertragsaussichten außer acht gelassen werden müssen, sondern nur, daß auch der Substanzwert eines Vermögens eine wirtschaftliche Leistungsfähigkeit begründet. Der Grundsatz der Besteuerung nach dem gemeinen Wert wird dadurch nicht aufgegeben, sondern im Gegenteil bestätigt.

Neben dem Bewertungsgrundsatz des gemeinen Werts kann es kein anderes gleichrangiges Bewertungsprinzip geben. Denn nach der Entscheidung des Gesetzgebers wird die steuerliche Leistungsfähigkeit allein durch den Verkehrswert des Vermögens begründet. Wenn dieses Prinzip nicht konsequent durchgehalten, sondern bestimmte Vermögensgegenstände nach anderen Werten besteuert würden, würden die Inhaber solchen Vermögens nicht ihrer Leistungsfähigkeit entsprechend besteuert. Ein derartiger Systembruch wäre eine Verletzung des Gleichheitssatzes[196].

Die anderen im Bewertungsgesetz genannten Bewertungsmaßstäbe — der Kurswert (§ 11), der Rücknahmepreis (§ 11 Abs. 4), der Nennwert (§ 12), der Kapitalwert (§ 13), der Ertragswert (§ 36) und der Teilwert (§ 10) — dürfen daher nur Folgewertungen des allgemeinen Bewertungsprinzips sein. Ob sie tatsächlich alle dem Grundsatz des gemeinen Werts entsprechen, braucht in dieser Arbeit nicht untersucht zu werden. Hinsichtlich des Teilwerts muß dies hier aber geprüft werden, da dieser Bewertungsmaßstab für die Bewertung des Betriebsvermögens vorgeschrieben ist.

---

[193] Der RFH hat daher zu Recht Gegenstände, die dem wirtschaftlichen Verkehr auf Dauer entzogen sind, wie z. B. ein Mausoleum oder eine Burgruine, nicht als steuerpflichtiges Wirtschaftsgut angesehen. Vgl. Urteil vom 15. 11. 1934, RStBl 1935, 476, 477; vom 30. 7. 1942, RStBl 1942, 1083. Vgl. auch *Hüffer* S. 15 ff.; *Noack* S. 20; *Stenner* S. 18.

[194] Vgl. dazu auch *Körner* S. 87; *Lion* (Bilanzsteuerrecht) S. 53 f.; *Sauer* S. 91; *Schubert* S. 173 f.; *Strutz* (VStG 1922) S. 200.

[195] S. 22, 25.

[196] Vgl. auch BVerfG vom 7. 5. 1968, BVerfGE 23, 242, *256*.

b) Bewertung mit Teilwerten als
Unterart der Bewertung nach dem gemeinen Wert

Zur Klärung des Teilwertbegriffs ist es wiederum zweckmäßig, die historische Entwicklung der Unternehmensbewertung nachzuzeichnen. Die Entwicklung des Bewertungsverfahrens von der Gesamtbewertung zur Einzelbewertung wurde schon oben dargelegt[197]. Nunmehr ist auf den Bewertungsmaßstab einzugehen.

Im Preußischen Ergänzungsteuergesetz wurde das gewerbliche Betriebsvermögen noch ausnahmslos mit dem gemeinen Wert bewertet (§ 9 i. V. m. § 4 ErgStG)[198]. Nähere Bestimmungen über die Ermittlung des gemeinen Werts fehlten indessen[199]. Es war daher Aufgabe des OVG, hierzu brauchbare Bewertungsgrundsätze zu entwickeln. Denn die aus dem Gesetz folgende Lösung, den Wert des Betriebsvermögens als Summe der Verkaufswerte der einzelnen Gegenstände zu ermitteln, war unbefriedigend. Der Einzelverkaufswert eines Gegenstandes sinkt praktisch schon am Tage nach seinem Erwerb auf einen Bruchteil seines Kaufpreises, ohne daß ein solcher Werteverzehr wirklich eingetreten wäre. Schon das Reichsoberhandelsgericht erkannte daher, daß die Tatsache der betrieblichen Nutzung bei der Bewertung berücksichtigt werden müsse[200].

Davon ging auch das OVG aus. Im Urteil vom 17. 5. 1897[201] bestimmte es, daß die einzelnen Gegenstände des Betriebsvermögens mit dem „wirklichen Wert" anzusetzen seien, den sie bei „fortgesetztem Betrieb" hätten. Das OVG wollte damit die einzelnen Gegenstände mit den Werten ansetzen, deren Summe den gemeinen Wert des Unternehmens ergibt.

Dieser Gedanke wurde in die Reichsabgabenordnung 1919 übernommen. § 139 Abs. 1 AO schrieb vor, daß bei der Unternehmensbewertung davon auszugehen ist, daß das Unternehmen bei der Veräußerung weitergeführt wird[202].

Auch das RBewG 1925 knüpfte hieran an und bestimmte in § 31 Abs. 2, daß bei der Ermittlung des gemeinen Werts die einzelnen Gegen-

---

[197] Vgl. oben viertes Kapitel A I.

[198] *Fuisting* (ErgStG) § 6 Anm. 4 A.

[199] *Fuisting* (ErgStG) § 9 Anm. 16.

[200] Vgl. Urteil vom 3. 12. 1873, Entscheidungen des ROHG, Bd. 12, 16, *19:* „Der Bilanz liegt ... die Idee einer fingierten angeblichen Realisierung sämtlicher Aktiva und Passiva zugrunde, wobei jedoch davon ausgegangen werden muß, daß ... nicht die Liquidation, sondern vielmehr der Fortbestand des Geschäfts beabsichtigt ist ..." (zitiert nach *Müller* S. 68).

[201] OVGSt Bd. 6, 30, LS 4.

[202] Vgl. oben viertes Kapitel A I.

stände des Betriebsvermögens unter der Voraussetzung der Fortführung des Betriebs zu bewerten sind. Insbesondere aus der amtlichen Begründung[203] ergibt sich, daß durch diesen Bewertungsmaßstab der wirkliche Gesamtwert des Unternehmens ermittelt werden sollte. Das RBewG 1931 brachte insoweit keine Änderung.

Mittlerweile hatte der RFH im Urteil vom 14. 12. 1926[204] den Begriff des Teilwerts[205] geprägt und dazu folgendes ausgeführt:

„Bei einem zu einer wirtschaftlichen Einheit gehörenden Gegenstand ist in der Tat scharf zu unterscheiden zwischen dem Werte, den der Gegenstand als Teil der wirtschaftlichen Einheit, kurz dem Teilwert, und dem Werte, den er aus dem Zusammenhang gerissen für sich haben würde, kurz gesagt dem Einzelwerte. Die Vorentscheidung hält diese Begriffe richtig auseinander, sie hat zutreffend erkannt, daß der große Wertverlust einer neu erworbenen Maschine in der ersten Zeit nur den Einzelwert, nicht den hier maßgebenden Teilwert betrifft. Der Teilwert bestimmt sich nach dem Betrage, den ein Käufer des ganzen Unternehmens vermutlich — genaue Kalkulation unterstellt — weniger für das Unternehmen geben würde, wenn der betreffende Gegenstand nicht zu dem Unternehmen gehörte."

Auch die Entscheidung des RFH ist eine Weiterentwicklung des schon vom OVG geforderten Bewertungsmaßstabs für die Unternehmensbewertung. Es soll der Gesamtwert, d. h. der Verkaufspreis des Unternehmens ermittelt werden. Obwohl dieses Urteil zur Einkommensteuer ergangen ist, wurde es Grundlage der dann auch in das BewG 1935 übernommenen Teilwertdefinition. Nach § 12 BewG 1935 (§ 10 BewG 1965) ist der Teilwert der Betrag, den ein Erwerber des ganzen Unternehmens im Rahmen des Gesamtkaufpreises für das einzelne Wirtschaftsgut ansetzen würde, wobei von einer Unternehmensfortführung auszugehen ist. Die einzelnen Teile des Betriebsvermögens sind folglich so zu bewerten, daß die Summe dieser Beträge den Gesamtkaufpreis, d. h. den gemeinen Wert des Unternehmens ergibt.

Damit ist nachgewiesen, daß der Bewertungsmaßstab des Teilwerts nur eine Methode zur Ermittlung des gemeinen Werts des Unternehmens darstellt.

Wenn demgegenüber in der Literatur wiederholt darauf hingewiesen wurde, daß der Wert eines Unternehmens nicht als Summe seiner einzelnen Teile ermittelt werden kann[206], so werden damit die Möglichkeiten des Teilwertprinzips verkannt.

---

[203] Vgl. oben viertes Kapitel A I.

[204] Bd. 20, 87, 88 f.

[205] Dieser Begriff geht auf Mirre zurück, der schon 1913 forderte, daß die zu einem Unternehmen gehörenden Wirtschaftsgüter nicht mit dem gemeinen (Einzel-)Wert zu bewerten seien, sondern mit dem von ihm so bezeichneten Teilwert, d. h. dem Wert unter Berücksichtigung der ganzen Einheit (vgl. *Fischer* S. 148).

Damit wird nicht bestritten, daß der Wert eines Unternehmens in erheblichem Maße vom Ertrag abhängt[207], wenngleich der Substanzwert sicherlich ebenfalls wertbestimmend ist[208]. Daraus folgt aber nur, daß die Ertragskraft eines Unternehmens, z. B. durch ein besonderes Wirtschaftsgut, bei der Bewertung berücksichtigt werden muß[209], nicht aber, daß das Teilwertprinzip unbrauchbar ist.

Auch der Einwand, den das Niedersächsische Finanzgericht im Urteil vom 21. 10. 1970[210] gegen das Teilwertprinzip erhebt, ist nicht überzeugend. Nach Auffassung des Finanzgerichts kann die Summe der nach dem Teilwert ermittelten Einzelwerte nicht mit dem Verkehrswert übereinstimmen, da der Ertragswert nicht berücksichtigt werden dürfe. Zudem sei der Verkehrswert für das Bewertungsrecht unerheblich. Damit verkennt das Finanzgericht indessen die Tragweite des allgemeinen Prinzips der Bewertung nach dem gemeinen Wert. Außerdem ist dies ein Zirkelschluß, da ja gerade geprüft werden muß, ob der Ertragswert zu berücksichtigen ist.

Wenn das Prinzip des Teilwerts konsequent angewendet wird, ergibt sich der gemeine Wert des Unternehmens. Damit ist klargestellt, daß das Teilwertprinzip eine Folgewertung des Prinzips der Bewertung zum gemeinen Wert ist. Das Bewertungsprinzip des Teilwerts ist daher systemkonform und juristisch unanfechtbar[211].

Nun muß allerdings festgestellt werden, daß das Prinzip des Teilwerts nicht konsequent durchgeführt worden ist. Denn die in § 109 Abs. 2 und 3 BewG genannten Wirtschaftsgüter werden nicht mit dem

---

[206] *Enno Becker* (RAO) § 137 Anm. 6; *Huffmann* S. 19; *Schmalenbach* S. 38 ff.; *Segitz* S. 37.

[207] Vgl. RFH vom 13. 1. 1920, Bd. 2, 187, *192;* vom 25. 11. 1921, StuW 1922, Nr. 149, S. 242 f.; vom 29. 10. 1931, RStBl 1935, 106, *107;* vom 24. 1. 1935, RStBl 1935, 584, *585;* vom 23. 9. 1937, RStBl 1938, 57, *58;;* vom 16. 12. 1943, RStBl 1944, 428, *429;* BFH vom 25. 6. 1969, BStBl II 1969, 653, *655; Huffmann* S. 25, 52; *Jüngling* StuW 1947, 677; *Kolbe* S. 44; *Lackmann* S. 18 ff.; *Ley* S. 67; *Müller* S. 77; *Rössler / Troll* § 109 Anm. 34; *Schmalenbach* S. 33, 38; *Thomä* VJStFR 1927, 412.

[208] RFH vom 16. 11. 1922, StuW 1923, Nr. 355, S. 375; *Jüngling* StuW 1947, 677; *Schmalenbach* S. 44; *Schubert* S. 174; *Viel / Bredt / Renard* S. 17 f. Anderer Meinung *Lackmann* S. 130; *Kolbe* S. 176.

[209] Vgl. FG Düsseldorf vom 7. 5. 1969, EFG 1969, 478, *479.*

[210] EFG 1971, 121, *122.*

[211] Gleichwohl ist der Teilwertgedanke kritisiert worden, vgl. *Segitz* S. 37; *Theel* S. 124 f. Da diese Kritik aber nicht aus einem systematischen Ansatz abgeleitet ist, sondern nur die *praktische* Brauchbarkeit dieser Methode bezweifelt, braucht sie hier nicht weiter untersucht zu werden. Denn der Bewertungsmaßstab ist gesetzlich verankert. Zur juristischen Arbeit gehört nur die Prüfung, ob eine gesetzliche Regelung systemkonform ist. Wenn dies bejaht wird, läßt sich die Vorschrift mit juristischen Methoden nicht angreifen (vgl. dazu oben viertes Kapitel D II 1).

Teilwert bewertet[212]. Die Betriebsgrundstücke, die Mineralgewinnungs-rechte, die Wertpapiere, die Genußscheine und die Anteile an Kapital-gesellschaften werden mit anderen Werten angesetzt. Diese Werte sol-len zwar ebenfalls mit dem gemeinen Wert übereinstimmen[213]. Den-noch ist es ein Systembruch, wenn einige Wirtschaftsgüter des Be-triebsvermögens mit dem Teilwert und andere Wirtschaftsgüter mit dem gemeinen Wert bewertet werden. Denn die Summe dieser Werte kann nicht mehr mit dem gemeinen Wert des Unternehmens überein-stimmen.

Es handelt sich indessen bei diesen Ausnahmen durchweg um Wirt-schaftsgüter, deren Wert im allgemeinen nicht wesentlich davon ab-hängt, wie sie genutzt werden. Wertpapiere z. B. und auch Grund-stücke haben im Regelfall den gleichen Wert, ob sie nun in einem Unternehmen genutzt werden oder ob sie zum Privatvermögen gehö-ren. Es entspricht einer Forderung der Praktikabilität, diese Wirt-schaftsgüter, deren Wert in einem besonderen Verfahren ermittelt wird, gleichmäßig zu erfassen. Daher sind diese Ausnahmen[214] vertret-bar[215].

Zur Klarheit sei aber betont, daß damit nur eine Bewertung dieser Wirtschaftsgüter zum gemeinen Wert gerechtfertigt wurde. Ob die verschiedenen Bewertungsverfahren wirklich alle zum gemeinen Wert führen, ist damit nicht gesagt. Stimmen z. B. die Einheitswerte des Grundbesitzes nicht mit dem gemeinen Wert überein, so ist der sich daraus ergebende Prinzipienverstoß durch die oben angestellte Er-wägung nicht gerechtfertigt.

III. Folgerungen aus dem System und seinen Prinzipien für die Auslegung

1. Zur Auslegung der §§ 109 und 10 BewG

Durch die Herausarbeitung der Prinzipien des Bewertungsrechts ist die Grundlage für eine systematisch-teleologische Auslegung der §§ 109; 10 BewG gelegt.

---

[212] Die früher vom BFH vertretene Auffassung, auch Kapitalforderungen, Schulden, Geld- und Bankguthaben seien nicht mit dem Teilwert, sondern mit dem gemeinen Wert anzusetzen (vgl. BFH vom 26. 8. 1955, BStBl III 1955, 278, *279*; vom 30. 3. 1962, BStBl III 1962, 232), ist vom BFH zu Recht aufgegeben worden (vgl. BFH vom 10. 5. 1972, BStBl II 1972, 688, *690*; wohl auch schon vom 19. 2. 1965, BStBl III 1965, 248, *249*). Vgl. dazu auch *Fried-laender* BB 1972, 130, *Weyer* S. 53.
[213] Vgl. oben viertes Kapitel D II 2 a.
[214] Ob man in einem solchen Fall von einem gerechtfertigten Prinzipien-verstoß spricht oder schon einen Prinzipienverstoß ablehnt, vgl. *Canaris* S. 112 ff., ist eine terminologische Frage, die hier unentschieden bleiben soll.
[215] *Friedlaender* BB 1972, 130, sieht diese Ausnahme aus Gründen der Gleichmäßigkeit als gerechtfertigt an.

Da die Bewertung zum Teilwert eine Folgewertung des Grundsatzes der Bewertung zum gemeinen Wert ist, sind die einzelnen Teile des Betriebsvermögens so zu bewerten, daß die Summe dieser Werte den Verkaufswert des Unternehmens ergibt[216].

Durch diesen Grundsatz wird zum einen der Begriff des Teilwerts und zum anderen aber auch der Begriff des Wirtschaftsguts prädisponiert. Danach ist alles das ein Wirtschaftsgut, was den gemeinen Wert des Betriebes beeinflußt. Nur bei einer solchen Auslegung des im Gesetz sonst nicht näher bestimmten Wirtschaftsgutsbegriffs ist das Teilwertprinzip systemgerecht. Der Grundwertung der Vermögensteuer, daß lediglich der gemeine Wert eines Vermögens Indikator der Leistungsfähigkeit ist, wird nur entsprochen, wenn der Einheitswert des Unternehmens seinem gemeinen Wert entspricht[217]. Eine andere Anwendung des Teilwertprinzips führt zu einem Systembruch und damit indiziell zu einem Gleichheitsverstoß[218].

Eine systematisch-teleologische Auslegung, das heißt eine Auslegung unter Berücksichtigung des inneren Systems und seiner Prinzipien, endet indessen am möglichen Wortsinn. Eine Analogie zu Lasten des Steuerpflichtigen ist nicht zulässig[219], auch wenn dadurch das System verwirklicht würde[220]. Da aber weder § 10 BewG noch § 109 BewG den Begriff des Wirtschaftsguts näher bestimmen, kann eine Interpretation dieser Normen, die vom systematischen Bezug des Bewertungsrechts ausgeht, nicht außerhalb der Grenzen des möglichen Wortsinns liegen.

Die herrschende Meinung interpretiert den Begriff des Wirtschaftsguts indessen nach anderen Merkmalen. Spitaler z. B. meint, daß ein Wirtschaftsgut etwas sicher Abgrenzbares, selbständig Bewertbares sein müsse, das nicht nur wie ein wertsteigernder Faktor wirke[221]. Noack knüpft daran an und schreibt[222]:

„Daß derart unbestimmte Werte nicht besteuert werden sollen, folgt aus dem innersten Wesen des Steuerrechts ... In der Einheitsbewertung hält

---

[216] Hierbei ist indessen die Ausnahmevorschrift des § 109 Abs. 2 und 3 BewG zu berücksichtigen. Die dort genannten Wirtschaftsgüter sind mit dem besonders bestimmten Wert anzusetzen.

[217] Die — vom Prinzip her geringfügige — Abweichung, die sich wegen der in § 109 Abs. 2 und 3 BewG genannten Sonderbewertung ergibt, ist, wie oben entwickelt wurde, gerechtfertigt.

[218] Vgl. oben erstes Kapitel.

[219] *Tipke* (Steuerrecht) S. 17, 29; *Tipke / Kruse* § 1 StAnpG Anm. 33 mit weiteren Nachweisen.

[220] *Tipke* (Steuerrecht) S. 76.

[221] FR 1956, 243; ders. in *Noack,* Vorwort S. V.

[222] S. 10.

man sich an die realen Unterlagen eines Vermögens, nicht aber an solche Werte, deren Erfassung nicht befriedigend erreicht werden kann."

Warum indessen diese „wertsteigernden Faktoren" keine Wirtschaftsgüter sein können, wird weder von Spitaler noch von Noack wirklich fundiert. Daß die Berufung auf das Wesen des Steuerrechts, und sei es auch das innerste Wesen, keine Begründung ersetzt, liegt wohl auf der Hand[223].

Häufig wird darauf abgestellt, daß ein Wirtschaftsgut nur das sein kann, was die Verkehrsauffassung als solches anerkennt[224]. Abgesehen davon, daß die Verkehrsauffassung gar nicht festgestellt wird, die Berufung hierauf daher nur eine Floskel ist, erscheint es doch recht zweifelhaft, ob der wirtschaftliche Verkehr überhaupt eine Vorstellung davon hat, was ein Wirtschaftsgut ist.

Nach Stenner[225] ist ein Wirtschaftsgut im bewertungsrechtlichen Sinne jedes „im selbständigen Ansatz zu berücksichtigendes Etwas". Auch für Weyer[226] ist ein Wirtschaftsgut jeder bewertungsfähige Posten. Dies ist indessen eine petitio principii, da ja gerade zu prüfen ist, ob ein Gegenstand ein bewertungsfähiger Posten oder ein zu berücksichtigendes Etwas ist.

Die Versuche der herrschenden Meinung zur Bestimmung des Wirtschaftsgutbegriffs sind daher abzulehnen. Sie übersehen die systematische Verknüpfung dieser Frage mit den Grundwertungen des Bewertungsrechts bzw. der Vermögensteuer. Außerdem haben sie keine brauchbaren Ergebnisse gebracht.

2. Ableitung für die immateriellen Werte

Nunmehr kann auch die Frage beantwortet werden, wie immaterielle Werte, insbesondere Geschäftswerte, zu bewerten sind.

Entscheidend ist allein, ob sie den gemeinen Wert des Unternehmens beeinflussen. Alle Bestandteile des Unternehmens, für die von einem Erwerber etwas gezahlt würde, sind Wirtschaftsgüter, die mit dem Teilwert zu bewerten sind.

Wenn ein Unternehmen einen Übergewinn erzielt, d. h. einen Gewinn, der über der branchenüblichen Verzinsung des Kapitals liegt, hat es einen Geschäftswert. Die diesen Geschäftswert ausmachenden

---

[223] Vgl. dazu *Scheuerle*, AcP 163. Bd. S. 429 ff.

[224] RFH vom 28. 2. 1930, RStBl 1930, 287; BFH vom 7. 8. 1970, BStBl II 1970, 842, *843; Gürsching / Stenger* § 95 Anm. 56; *Haider / Engel / Dürschke* § 2 Anm. 2 a; *Hüffer* S. 20.

[225] S. 16.

[226] S. 48.

Faktoren, wie Ruf der Firma, Kundenstamm, besonderes geschäftliches Know-how etc., haben dann den Ertrag positiv beeinflußt. In einem solchen Falle würde ein Erwerber für einen Geschäftswert unzweifelhaft etwas bezahlen, der Geschäftswert hätte den gemeinen Wert des Unternehmens mithin erhöht[227]. Ob ein Geschäftswert originär oder derivativ ist, spielt demgegenüber keine Rolle. Einem Erwerber ist es völlig gleichgültig, was der Unternehmer seinerseits früher einmal gezahlt hat[228]. Ein Geschäftswert ist folglich ein Wirtschaftsgut, unabhängig davon, ob er entgeltlich erworben wurde oder ob er originär ist, ob er verpachtet ist oder ob er eigengenutzt wird. Wird der Geschäftswert nicht erfaßt, entspricht der Einheitswert des Betriebsvermögens nicht dem gemeinen Wert. Eine solche Bewertung wäre systemwidrig.

Ein negativer Geschäftswert ist dagegen kein Wirtschaftsgut. Selbst wenn ein Unternehmen einen Ertrag erwirtschaftet, der geringer als die branchenübliche Verzinsung ist, hat es keinen negativen Geschäftswert. Denn kein Erwerber könnte deshalb von dem Kaufpreis der übrigen Wirtschaftsgüter einen Abzug vornehmen. Allenfalls würde er für die übrigen Werte einen geringeren Betrag zahlen, so daß der Teilwert dieser Wirtschaftsgüter niedriger wäre als bei einem Unternehmen, das einen hohen Ertrag erzielt. Ein Geschäftswert kann folglich nur einen positiven Wert haben oder mit Null Mark anzusetzen sein. Eine Berücksichtigung bei den Passiven eines Unternehmens scheidet aus[229].

Die unterschiedslose Erfassung des originären und des derivativen Geschäftswerts entspricht nicht nur dem inneren System und damit der Teleologie des Gesetzes, sondern auch der historischen Entwicklung[230]. Die hier vertretene Lösung beseitigt zudem die Schwierigkeiten, die sich bei Anwendung der herrschenden Meinung ergeben[231].

Es bleibt nun die Frage zu klären, wie der Teilwert des Geschäftswerts zu ermitteln ist. Daß dies praktisch nicht möglich sein soll, kann man sicherlich nicht sagen, wie auch der BFH zugestanden hat[232]. Im übrigen würden gewisse Schwierigkeiten, den Wert eines Wirtschafts-

---

[227] Es wird auch gar nicht bestritten, daß der Geschäftswert zum gemeinen Wert des Unternehmens gehört. Vgl. RFH vom 11. 4. 1923, StuW 1923, Nr. 613, S. 663; BFH vom 16. 7. 1970, BStBl II 1970, 690, *692 f.; Sauer* S. 87.

[228] Vgl. *Schmalenbach* S. 33 ff.

[229] Vgl. auch *Glade* StbJb 1969/70, 291.

[230] Vgl. oben viertes Kapitel B I.

[231] Vgl. oben viertes Kapitel B I.

[232] BFH vom 6. 8. 1971, BStBl II 1971, 677, *678;* so auch *Rössler / Troll* § 109 Anm. 34.

guts zu ermitteln, es nicht rechtfertigen, dieses Wirtschaftsgut überhaupt nicht zu erfassen[233].

Es ist auch nicht richtig, daß der Geschäftswert ausschließlich im
Wege der Gesamtbewertung bewertbar sein soll[234], wie schon oben
nachgewiesen wurde[235]. Denn der Geschäftswert ist insoweit ein bewertbares Wirtschaftsgut, als er zu einem Übergewinn führt. Nur weil
durch den Geschäftswert ein höherer Ertrag erwirtschaftet werden
kann, ist der Erwerber bereit, hierfür etwas zu bezahlen[236]. Er wird
soviel bezahlen, wie ihm der erhöhte Ertrag wieder einbringt. Der
Teilwert des Geschäftswerts entspricht folglich dem kapitalisierten
Übergewinn[237]. Der Übergewinn ist als Differenz zwischen dem tatsächlich erzielbaren nachhaltigen Ertrag und der branchenüblichen
Normalverzinsung des Substanzwerts zu ermitteln. Wenngleich dadurch Ertragswert und Substanzwert des gesamten Unternehmens zur
Besteuerung herangezogen werden, so ist dies doch keine Gesamtbe-
wertung im Sinne der Reichsabgabenordnung 1919[238]. Durch dieses
Verfahren wird lediglich der Teilwert des Geschäftswerts, also der
Wert eines einzelnen Wirtschaftsguts ermittelt.

Neben dem Verfahren der Kapitalisierung des Übergewinns gibt es
freilich auch noch andere Methoden zur Bewertung des Geschäftswerts, die ebenfalls brauchbare Ergebnisse liefern[239]. Es ist zwar zuzu-
geben, daß bei allen Bewertungsverfahren Schätzwerte herangezogen
werden müssen. Dies ist indessen für die Bewertung nicht ungewöhn-
lich. Auch andere Werte lassen sich nicht ohne Schätzungen ermitteln.
Selbst wenn dadurch ein Wert nicht bis zur letzten Mark exakt nachweisbar ist, so ist ein solcher Wert doch immer noch besser als ein
völliger Verzicht auf die Bewertung.

Es läßt sich nicht bestreiten, daß im einzelnen noch manche Überlegungen angestellt werden müssen, bis ein für die praktische Veranlagung brauchbares Verfahren zur Bewertung des Geschäftswerts vorliegt. Solche Detailuntersuchungen bleiben noch aufgegeben. Wenn
aber zunächst einmal nachgewiesen ist, daß ein Geschäftswert immer

---

[233] Vgl. *Enno Becker* (RAO) § 137 Anm. 8; *Lohnert* BB 1969, 793; *Thomä*
VJStFR 1927, 363 f.

[234] So aber BFH vom 6. 8. 1971, BStBl II 1971, 677, 678; *Schoppe* FR 1971,
461.

[235] Vgl. viertes Kapitel B I.

[236] Vgl. *Glade* StbJb 1969/70, 291; *Noack,* S. 66; *Schmalenbach* S. 38.

[237] Zutreffend *Gürsching / Stenger* § 95 Anm. 63; *Kolbe* S. 2; *Viel / Bredt /
Renard* S. 30.

[238] So aber *Groh* FR 1973, 281.

[239] Vgl. *Glade* StbJb 1969/70, 318 f.; *Kolbe* S. 2 ff.; *Viel / Bredt / Renard*
S. 73 ff.

zu erfassen ist, die problematische Unterscheidung von originären und derivativen, von eigengenutzten und verpachteten Geschäftswerten mithin entbehrlich geworden ist, wird die Praxis diese Fragen sicherlich rasch lösen. Auch die Anteilsbewertung nach dem Stuttgarter Verfahren, bei der anfangs ebenfalls größere Probleme bestanden, wird heute durchweg ohne Schwierigkeiten praktiziert.

Die gleichen Grundsätze gelten für die Bewertung anderer immaterieller Werte. Auch diese Werte sind immer dann als Wirtschaftsgüter zu erfassen, wenn sie den gemeinen Wert des Unternehmens beeinflussen. Es spielt keine Rolle, ob sie originär oder derivativ sind. Auch die Ermittlung der Verkehrsauffassung zu dieser Frage — bisher doch nie wirklich ermittelt und sicher auch nicht ermittelbar — ist entbehrlich.

Der Teilwert dieser immateriellen Wirtschaftsgüter entspricht dem Betrag, den ein Erwerber hierfür bezahlen würde. Da diese Frage grundsätzlich keine anderen Schwierigkeiten bereitet als die Bewertung eines Geschäftswerts, sind weitere Ausführungen dazu an dieser Stelle nicht erforderlich.

3. Ableitung für die Rückstellungen

Vom gleichen systematischen Ansatz her ist auch über die Bewertung von Rückstellungen zu befinden. Alle Rückstellungen sind danach mit dem Wert anzusetzen, mit dem sie den gemeinen Wert des Unternehmens beeinflussen. Nur wenn alle Rückstellungen mit dem Teilwert bewertet werden, ist die Bewertung systemgerecht.

Auch bedingte Lasten vermindern den gemeinen Wert des Unternehmens, da ein Erwerber diese Lasten bei der Bemessung des Kaufpreises berücksichtigen würde. Damit kollidiert das Teilwertprinzip mit den §§ 4 bis 8 BewG, insbesondere mit § 6 BewG. Diese Kollision führt indessen nicht zu einem Systembruch, da die §§ 4 bis 8 BewG nur gelten, soweit nichts anderes vorgeschrieben ist (§§ 1 Abs. 2, 17 Abs. 3 BewG). Das in § 109 i. V. m. § 10 BewG vorgeschriebene Teilwertprinzip ist eine Sonderregelung, die den Allgemeinen Vorschriften vorgeht und die die §§ 4 bis 8 BewG ausschließt. Die Vorschriften der §§ 4 bis 8 BewG gelten mithin bei der Bewertung des Betriebsvermögens nicht.

Diese Auslegung entspricht nicht nur dem Wortlaut, sondern auch dem System, d. h. der Teleologie des Gesetzes, die durch die historische Entwicklung bestätigt wird. Wie oben nachgewiesen wurde[240], sollten die Vorschriften über die Behandlung bedingter Lasten bei der Unter-

---

[240] Vgl. oben viertes Kapitel C.

nehmensbewertung nach der AO 1919 nicht gelten. Die danach ergangenen Gesetze änderten hieran nichts.

§ 6 BewG kann somit zur Frage der Abzugsfähigkeit von Rückstellungen nichts besagen. Auch die heute herrschende Meinung stützt ihr
Ergebnis nicht mehr auf § 6 BewG. Ein Schuldposten soll vielmehr deshalb nicht vorliegen, weil solche Rückstellungen keine wirtschaftliche
Last begründeten.

Dagegen ist grundsätzlich nichts einzuwenden, da Rückstellungen,
die keine wirtschaftliche Last darstellen, auch den gemeinen Wert des
Unternehmens nicht mindern können. Da dieser Ansatz indessen leicht
zur Floskel wird, sollte man doch besser auf den Gesichtspunkt der
wirtschaftlichen Last verzichten und nur darauf abstellen, ob eine
Rückstellung den gemeinen Wert des Unternehmens mindert.

Rückstellungen werden auch ertragsteuerlich mit ihrem Teilwert
angesetzt. Die Prinzipien des Einkommensteuerrechts sind in dieser
Arbeit nicht untersucht worden; es ist auch nicht untersucht worden,
ob das Teilwertprinzip des Einkommensteuerrechts mit dem Teilwertprinzip des Bewertungsrechts übereinstimmt. Der einkommensteuerliche Teilwertbegriff wird jedoch nach herrschender Meinung ebenfalls aus dem Gesamtkaufpreis und damit aus dem gemeinen Wert des
Unternehmens abgeleitet[241]. Es bestehen daher keine Bedenken, den
ertragsteuerlichen Wert der Rückstellungen auch für die Einheitsbewertung zu übernehmen. Ob im Einzelfall unterschiedliche Prinzipien
doch einmal eine Abweichung erfordern, braucht hier nicht erörtert
zu werden.

Es ist nun noch zu erörtern, wie die einzelnen Rückstellungen zu
bewerten sind.

Pensionszusagen, die ein Unternehmen seinen Mitarbeitern erteilt
hat, begründen Verpflichtungen, die den gemeinen Wert mindern.
§ 104 BewG hat mithin nur eine klarstellende Funktion. Aus § 104 Abs.
1 Satz 2 BewG ergibt sich aber, daß eine Rückstellung nicht als Schuld
abgezogen werden kann, wenn die Pensionsverpflichtung nur auf dem
Grundsatz der Gleichbehandlung oder der betrieblichen Übung beruht. Die Erfüllung dieser „Verpflichtung" ist eine freiwillige Leistung
des Unternehmens. Daher wird ein Erwerber wegen solcher Lasten
keinen Abzug vom Gesamtkaufpreis vornehmen. Der Teilwert einer
solchen „Schuld" beträgt mithin Null. § 104 Abs. 1 Satz 2 BewG ist
folglich systemkonform.

Haftungsverpflichtungen, insbesondere für Garantieverpflichtungen,
Bürgschaften und für das Wechselobligo, mindern den gemeinen Wert

---

[241] Vgl. *Herrmann / Heuer* § 6 Anm. 62 ff.

des Unternehmens, sobald die Verpflichtung entstanden ist. Der Zeitpunkt der Geltendmachung ist für den Teilwert unerheblich. Derartige Rückstellungen sind folglich, wie in der Steuerbilanz, vom Zeitpunkt der Entstehung an als Schuldposten zu behandeln. Der Steuerbilanzwert kann durchweg übernommen werden.

Nach dem gleichen Prinzip sind auch die Rückstellungen für Dividendenzahlungen und für die Körperschaftsteuerschuld zu bewerten. Auch insoweit ist der Teilwert maßgebend. Dabei ergibt sich indessen eine Schwierigkeit: Es liegt nämlich nicht ohne weiteres auf der Hand, mit welchem Wert diese Rückstellungen den gemeinen Wert des Unternehmens mindern. §§ 103, 105 BewG sagen nichts über ihre Bewertung. Die Lösung ergibt sich aus folgender Überlegung: Ein Erwerber, der am Stichtag das Unternehmen erwirbt, weiß, daß ein bestimmter Teil des Gewinns dem Unternehmen entzogen werden wird, um die Dividende an die Aktionäre zu zahlen. Den Ertrag des abgelaufenen Jahres erhält er also nur insoweit, als der Gewinn die Dividendenzahlung übersteigt. Unberücksichtigt muß der Umstand bleiben, daß die Dividende ja an den Erwerber selbst gezahlt wird. Denn die Kapitalgesellschaft ist selbständiges Steuersubjekt, die Aktionäre sind für sie fremde Personen. Nur das Vermögen der Kapitalgesellschaft interessiert hier, da das den Aktionären zufließende Vermögen bei diesen gesondert erfaßt wird. Für die Kapitalgesellschaft stellt die Gewinnausschüttung eine Art Zins für die Zurverfügungstellung des Gesellschaftskapitals dar. Der Zahlungspflicht kann sich das Unternehmen nicht entziehen, da die Aktionäre durch ihr Stimmrecht die Ausschüttung erzwingen können. Ein Erwerber des Unternehmens wird daher diesen Teil des Gewinns schon am Stichtag nicht mehr als Wirtschaftsgut ansehen. Dies gilt auch dann, wenn der Beschluß über die Gewinnausschüttung erst nach dem Stichtag gefaßt wird. Der gemeine Wert eines Unternehmens wird folglich bereits am Stichtag durch die spätere Gewinnausschüttung gemindert.

Der Wert eines Unternehmens kann zudem nicht davon abhängen, ob der Ausschüttungsbeschluß am 31. Dezember eines Jahres oder am 2. Januar des Folgejahres gefaßt wird. Dies gilt insbesondere dann, wenn man, wie der BFH[242], davon ausgeht, daß der Aktionär schon einen Anspruch auf die Dividende hat, bevor der Ausschüttungsbeschluß gefaßt ist.

Schließlich wird dieses Ergebnis durch das Prinzip der Doppelbelastung bestätigt. Wenngleich dieses Prinzip hier nicht im einzelnen dargestellt und überprüft wird, so dürfte doch unzweifelhaft sein,

---

[242] Urteil vom 26. 5. 1972, BStBl II 1972, 693, 694.

daß nur solches Vermögen zweimal — beim Unternehmen und beim Gesellschafter — der Vermögensteuer unterworfen werden soll, das dem Unternehmen *auf Dauer* zur Verfügung steht. Vorübergehend überlassenes Vermögen, wie Gesellschafterdarlehen usw., werden nur beim Gesellschafter, nicht bei der Kapitalgesellschaft besteuert. Der vom Unternehmen erwirtschaftete Jahresgewinn gehört — auch nach herrschender Meinung — nicht zum Unternehmensvermögen, sobald er ausgeschüttet ist. Auch insoweit wird nur der dem Unternehmen auf Dauer verbleibende Teil des Vermögens, nämlich der nicht ausgeschüttete Gewinn, doppelt vesteuert. Der auszuschüttende Teil des Gewinns steht dem Unternehmen dagegen nur kurze Zeit zur Verfügung. Es entspricht daher dem Prinzip der Doppelbelastung, diesen Gewinn nicht beim Unternehmen, sondern nur beim Aktionär zu erfassen. Anders als in der Steuerbilanz ist folglich bei der Einheitsbewertung eine Rückstellung für die Gewinnausschüttung zu bilden. Erforderlichenfalls muß der Ausschüttungsbetrag geschätzt werden.

Bei Zugrundelegung dieser Ansicht findet auch die Bewertung der Körperschaftsteuerrückstellung eine befriedigende Lösung. Ein Erwerber des Unternehmens, der die Dividende bei der Bemessung des Kaufpreises berücksichtigt, wird auch die Körperschaftsteuer nur in der Höhe als Schuld betrachten, die sich unter Berücksichtigung der Ausschüttung ergibt. Nur insoweit ist daher der Ansatz eines Schuldpostens zulässig.

Der Wertansatz von Rückstellungen für Tantiemeverpflichtungen läßt sich dagegen nicht generell bestimmen. Auch insoweit ist entscheidend, ob diese Rückstellungen den gemeinen Wert des Unternehmens mindern. Tantiemeverpflichtungen, die zugesagt sind bzw. deren Erfüllung sich auch ein Erwerber nicht entziehen könnte, sei es, um den Betriebsfrieden zu wahren oder sei es, um den betreffenden Mitarbeiter nicht zu verlieren, belasten den gemeinen Wert und sind folglich abzugsfähig. Ist die Erfüllung dieser Verpflichtung indessen in das freie Belieben des Unternehmens gestellt, besteht keine den gemeinen Wert des Unternehmens mindernde Schuld.

Die Kosten des Jahresabschlusses und der Pflichtprüfung beeinflussen zwar schon am Stichtag den gemeinen Wert des Unternehmens. Diesen Lasten stehen indessen die Ansprüche auf die Gegenleistung gegenüber, die ebenfalls mit dem Teilwert zu bewertende Wirtschaftsgüter darstellen. Anspruch und Verpflichtung dürften im Regelfall gleich hoch sein, so daß auf ihre Berücksichtigung verzichtet werden kann. Diese Rückstellungen sind daher bei der Einheitsbewertung nicht zu erfassen.

Fünftes Kapitel

Zusammenfassung der Ergebnisse der Arbeit

1. Die Bewertung von immateriellen Wirtschaftsgütern und von Rückstellungen hängt nach der herrschenden Meinung in Rechtsprechung und Literatur entscheidend davon ab, ob dem Bewertungsgesetz für die Bewertung des Betriebsvermögens das Prinzip der Einzelbewertung oder das der Gesamtbewertung zugrunde liegt.

Aus der Gesamtbewertung wird gefolgert, daß die §§ 4 bis 8 BewG unanwendbar, bedingte Lasten und Rechte daher entsprechend ihrem Wert zu berücksichtigen seien. Bei der Einzelbewertung werden dagegen die §§ 4 bis 8 BewG angewendet, so daß aufschiebend bedingte Rechte und Lasten unberücksichtigt bleiben.

Nur im Rahmen einer Gesamtbewertung hält man es für möglich, originäre immaterielle Werte zu erfassen: bei der Einzelbewertung sollen nur derivative immaterielle Wirtschaftsgüter angesetzt werden dürfen. Da aus § 109 BewG gefolgert wird, daß das Betriebsvermögen im Wege der Einzelbewertung zu bewerten sei, setzt die herrschende Meinung bei der Ermittlung des Einheitswerts des Betriebsvermögens originäre immaterielle Werte, insbesondere einen Geschäftswert, nicht als Wirtschaftsgut an. Aufschiebend bedingte Rückstellungen, insbesondere Rückstellungen für Gewährleistungsverpflichtungen aus Bürgschaften und für das Wechselobligo läßt die herrschende Meinung nicht zum Abzug als Schuldposten vom Betriebsvermögen zu.

Damit verquickt die herrschende Meinung indessen Bewertungsmethode und Bewertungsmaßstab. Die Verfahren der Einzel- und der Gesamtbewertung sind Bewertungsmethoden. Sie unterscheiden sich allein dadurch, daß bei der Gesamtbewertung die einzelnen Teile des Betriebsvermögens unselbständige Rechnungsfaktoren zur Ermittlung des Gesamtwerts sind, während bei der Einzelbewertung der Wert des Betriebsvermögens als Summe der selbständig zu bewertenden Wirtschaftsgüter ermittelt wird. Diese Bewertungsmethoden besagen indessen nichts über die Frage, inwieweit ein Gegenstand bei der Bewertung des Betriebsvermögens — als Wirtschaftsgut bzw. als unselbständiger Rechnungsfaktor — zu berücksichtigen ist. Dies kann allein anhand des Bewertungsmaßstabs bestimmt werden. Das hat die herrschende Meinung verkannt und sich daher nicht um die Herausarbeitung des Bewertungsmaßstabs bemüht.

Ohne Klarstellung des Bewertungsmaßstabs läßt sich nicht beantworten, welche Teile des Betriebsvermögens als Wirtschaftsgut anzusehen sind. Dies zeigt sich insbesondere bei der Bewertung der immateriellen Werte und der Rückstellungen.

Originäre immaterielle Werte, insbesondere originäre Geschäftswerte, sollen deshalb keine bewertbaren Wirtschaftsgüter sein, weil sie nur indirekt im Wege der Gesamtbewertung ermittelbar sein sollen. Wie indessen nachgewiesen wurde, läßt sich der Geschäftswert — wie jedes andere Wirtschaftsgut — auch als Einzelwert direkt im Wege der Kapitalisierung des Übergewinns bewerten, so daß schon der Ansatzpunkt der herrschenden Meinung unzutreffend ist.

Überdies sind die Ergebnisse der herrschenden Meinung unbefriedigend, weil der Geschäftswert nicht gleichmäßig behandelt wird. Bei der Bewertung von Aktien und ähnlichen Gesellschaftsrechten wird der Geschäftswert ausnahmslos erfaßt, unabhängig davon, ob etwas hierfür gezahlt worden ist. Im übrigen wird ein derivativer Geschäftswert immer erfaßt, ein originärer Geschäftswert aber nur insoweit, als er verpachtet ist. Diese unterschiedliche Behandlung ist von der herrschenden Meinung zwar gesehen, aber nicht gerechtfertigt worden. Eine Rechtfertigung dieser Ungleichheit läßt sich auch schwer finden, da es sich bei allen diesen Geschäftswerten stets um den gleichen Vermögenswert eines Unternehmens handelt, der lediglich in einem Fall als stille Reserve, in einem anderen Fall als aufgelöste „stille" Reserve in Erscheinung tritt.

Der falsche Ansatz der herrschenden Meinung zeigt sich auch bei der Behandlung von Rückstellungen. Die Vorschriften der §§ 4 bis 8 BewG über die bedingten Rechte und Lasten sollen danach nur bei einer Gesamtbewertung ausgeschlossen sein, nicht jedoch bei der Einzelbewertung. Folglich sollen Rückstellungen für aufschiebend bedingte Lasten bei der Bewertung des Betriebsvermögens gemäß § 6 BewG nicht als Schuldposten zu behandeln sein.

Diese Auffassung verkennt wiederum, daß die Verfahren der Einzel- und der Gesamtbewertung lediglich Bewertungsmethoden sind. Ob die §§ 4 bis 8 BewG anwendbar sind, kann sich daraus nicht ergeben. Bei der Einzelbewertung ist gem. § 2 Abs. 3 BewG lediglich die Vorschrift des § 2 Abs. 1 und 2 BewG ausgeschlossen. Weitergehendes ergibt sich aus der Bewertungsmethode nicht. Insbesondere läßt sich die Frage, wie bedingte Rechte und Lasten zu bewerten sind, nicht anhand der Bewertungsmethode beantworten. Dies kann sich nur aus dem Bewertungsmaßstab ergeben.

Darüber hinaus sind die Rückstellungen für das Wechselobligo, für Bürgschaften und für Garantieverpflichtungen entgegen der herrschenden Meinung nicht aufschiebend bedingt, so daß § 6 BewG insoweit ohnehin nicht herangezogen werden kann.

Die vorliegende Arbeit hat gezeigt, daß die Bewertung des Betriebsvermögens nur möglich ist, wenn der dem Bewertungsgesetz zugrunde liegende Bewertungsmaßstab als Bewertungsprinzip aufgedeckt wird.

2. Der Bewertungsmaßstab ergibt sich allein aus § 109 i. V. m. § 10 BewG. Danach sind die Wirtschaftsgüter des Betriebsvermögens mit dem Teilwert zu bewerten. Dies verkennt die herrschende Meinung zwar nicht. Indessen wird das dieser Vorschrift zugrunde liegende Prinzip nicht klargestellt. Die herrschende Meinung glaubt dieser Aufgabe vielmehr schon dadurch enthoben zu sein, daß sie die Methode der Einzelbewertung für maßgeblich erklärt. Eine Berufung auf die Bewertungsmethode kann aber die Auslegung der §§ 109 und 10 BewG nicht ersetzen.

Ziel der Auslegung muß sein, das Prinzip und damit den Zweck der Normen aufzudecken. Daß bei der Auslegung von Rechtsnormen der Zweck berücksichtigt werden muß, entspricht nicht nur allgemeiner Auffassung, sondern ist auch in § 1 Abs. 2 StAnpG ausdrücklich angeordnet.

Da das Bewertungsgesetz nur Besteuerungsgrundlagen schafft, nicht selbst eine Steuerpflicht begründet, anhand derer das tragende Prinzip verifiziert werden könnte, muß der Anwendungsbereich des Bewertungsgesetzes klargestellt werden. Dieser Anwendungsbereich wird durch § 17 Abs. 1 BewG bestimmt; § 17 Abs. 2 BewG hat demgegenüber keine selbständige Bedeutung. Danach gelten die Besonderen Bewertungsvorschriften *nur* für die Vermögensteuer. Für andere Steuern gilt der Einheitswert nur, soweit dies in den entsprechenden Gesetzen besonders angeordnet ist. Daher sind die Besonderen Bewertungsvorschriften des Bewertungsgesetzes nur als ein verselbständigter Teil des Vermögensteuergesetzes anzusehen. Die Prinzipien der Vermögensteuer ergreifen daher auch das Bewertungsgesetz.

Steuerliches und damit auch vermögensteuerliches Fundamentalprinzip ist das Prinzip der Besteuerung nach der Leistungsfähigkeit. Das Vermögensteuergesetz begründet das Folgeprinzip, daß das Vermögen Indikator der Leistungsfähigkeit ist. Hieraus leitet sich das weitere Folgeprinzip des Bewertungsgesetzes ab, daß *alle* Vermögensbestandteile mit dem *gemeinen Wert* zu bewerten sind. Der gemeine Wert ist der Verkaufswert. Daraus folgt, daß als steuerpflichtiges Vermögen alle Werte anzusetzen sind, die einen Verkaufswert haben.

Die verschiedenen im Bewertungsgesetz vorgeschriebenen Bewertungsmaßstäbe sind lediglich als Abarten des gemeinen Werts gedacht. Dies gilt insbesondere für den Teilwert. Durch die Bewertung der einzelnen Wirtschaftsgüter mit dem Teilwert soll der gemeine Wert des Unternehmens ermittelt werden.

Von dieser Zielsetzung her ist die Teilwertvorschrift des § 109 i. V. m. § 10 BewG zu interpretieren. Zugleich wird dadurch der Begriff des Wirtschaftsguts näher bestimmt. Danach sind alle die Teile des Betriebsvermögens als Wirtschaftsgut zu qualifizieren, die den gemeinen Wert des Betriebsvermögens beeinflussen. Diese Wirtschaftsgüter sind so zu bewerten, daß die Summe ihrer Werte den gemeinen Wert des Betriebsvermögens ergibt. Jede andere Interpretation widerspräche dem Grundprinzip der Vermögensteuer, alle Vermögensbestandteile zu erfassen.

Auf der Grundlage dieser — das innere System berücksichtigenden — Auslegung des § 109 i. V. m. § 10 BewG läßt sich nun auch die Frage beantworten, wie immaterielle Werte und Rückstellungen zu bewerten sind.

Der Geschäftswert erhöht den gemeinen Wert des Unternehmens. Folglich ist er ein Wirtschaftsgut, unabhängig davon, ob er originär oder derivativ, eigengenutzt oder verpachtet ist. Sein Teilwert ist im Wege der Kapitalisierung des Übergewinns zu berechnen. Ein negativer Geschäftswert hingegen ist nicht möglich, er kann auch kein negatives Wirtschaftsgut sein.

Auch andere immaterielle Werte sind dann mit dem Teilwert zu bewertende Wirtschaftsgüter, wenn sie den gemeinen Wert des Unternehmens erhöhen. Unerheblich ist, ob sie entgeltlich erworben sind, ob hierfür Aufwendungen angefallen sind oder ob die allgemeine Verkehrsanschauung darin Wirtschaftsgüter sieht.

Bedingte Rechte und Lasten beeinflussen den gemeinen Wert eines Unternehmens. Ein Erwerber des Unternehmens würde solche Rechte und Lasten nicht allein deshalb unberücksichtigt lassen, weil sie aufschiebend bedingt sind. Die Vorschriften der §§ 4 bis 8 BewG über die Behandlung bedingter Rechte und Lasten entsprechen somit nicht dem aus dem Grundsatz des gemeinen Werts abgeleiteten Teilwertprinzip. Das Teilwertprinzip stellt daher eine Sonderregelung gegenüber den §§ 4 bis 8 BewG dar. Gemäß §§ 1 Abs. 2, 17 Abs. 3 BewG sind diese Normen folglich bei der Einheitsbewertung des Betriebsvermögens nicht anwendbar. Auch bedingte Rechte und Lasten sind mit dem Teilwert zu bewerten.

Rückstellungen sind als Schuldposten abzugsfähig, wenn sie den gemeinen Wert des Unternehmens mindern. Unerheblich ist, ob sie aufschiebend bedingt sind. Sie sind mit dem Teilwert zú bewerten, der in der Regel der Steuerbilanz entnommen werden kann.

Rückstellungen für Pensionsverpflichtungen und Haftungsverbindlichkeiten, insbesondere aus Gewährleistungsverpflichtungen, Wechselobligo und Bürgschaften, mindern vom Zeitpunkt der Entstehung an den gemeinen Wert des Unternehmens und sind infolgedessen mit dem Teilwert abzugsfähig. Unerheblich ist, wann der Unternehmer in Anspruch genommen wird bzw. wann diese Verpflichtungen geltend gemacht werden.

Abweichend von der bilanzsteuerlichen Regelung ist bei der Ermittlung des Einheitswerts des Betriebsvermögens einer Kapitalgesellschaft eine Rückstellung für die Dividendenzahlung als Schuldposten anzusetzen. Denn das Betriebsvermögen einer Kapitalgesellschaft wird schon am Stichtag durch die später erfolgende Gewinnausschüttung gemindert. Es ist irrelevant, wann der Ausschüttungsbeschluß gefaßt wird. Die Kapitalgesellschaft hat daher im Rahmen der Einheitsbewertung eine entsprechende Rückstellung zu bilden, deren Höhe gegebenenfalls geschätzt werden muß. Die Rückstellung für die Körperschaftsteuerschuld — so auch im Ergebnis die herrschende Meinung — ist dementsprechend unter Berücksichtigung der Dividendenzahlung zu ermitteln.

Rückstellungen für Kosten des Jahresabschlusses und der Pflichtprüfung sind ebenfalls Schuldposten. Diesen Schuldposten stehen indessen gleich hohe Ansprüche auf die Gegenleistungen gegenüber, so daß die Rückstellungen und die Ansprüche nicht anzusetzen sind.

Schrifttumsverzeichnis

I. Lehrbücher, Kommentare, Einzelschriften

Becker, Enno: Die Reichsabgabenordnung, 5. Aufl., Berlin 1926
(zitiert: Enno Becker, RAO)

Becker, Klaus: Einheitsbewertung des gewerblichen Betriebsvermögens und Betriebswirtschaftslehre, Frankfurter Diss. rer. pol. 1956

Beuck, W.: Das Vermögensteuergesetz vom 10. August 1925 und 31. März 1926 mit Ausführungs- und Durchführungsbestimmungen, 2. Aufl., Berlin / Wien 1927
(zitiert: Beuck, VStG)

— Bewertungsgrundsätze und Bewertungsbeispiele für das gewerbliche Betriebsvermögen, 2. Aufl., Berlin 1937
(zitiert: Beuck, Bewertungsgrundsätze)

Boll, Albert: Das Wertproblem im Deutschen Reichssteuerrecht, Mannheimer Diss. rer. pol. 1933

Canaris, Claus-Wilhelm: Systemdenken und Systembegriff in der Jurisprudenz, Berlin 1969

Cordes, Helmut: Untersuchungen über Grundlagen und Entstehung der Reichsabgabenordnung vom 23. Dezember 1919, Kölner Diss. jur. 1971

Dziegalowski / Thümen: Das Reichsbewertungsgesetz, 3. Aufl., Berlin 1931

Ellinger / Schug / Ehlers: Vermögensteuer und Einheitsbewertung, Kommentar, 2. Aufl., Berlin / Frankfurt 1954

Engeleiter, Hans-Joachim: Unternehmensbewertung, Stuttgart 1970

Erler, Fritz: Das Reichsbewertungsgesetz vom 22. Mai 1931 mit sämtlichen Durchführungsbestimmungen und Ausführungserlassen, 3. Aufl., Berlin / Wien 1932

Falterbaum, Hermann: Bewertungsrecht und Vermögensteuer, 4. Aufl., Düsseldorf 1972

Fischer, Burkhard: Betriebswirtschaftliche Analyse der Wertansätze für die Vermögensteuer, Frankfurt / Zürich 1973

Fuisting, B.: Die Preußischen direkten Steuern, 2. Band, Kommentar zum Ergänzungsteuergesetze, 2. Aufl., Berlin 1905
(zitiert: Fuisting, ErgStG)

— Die Preußischen direkten Steuern, 4. Band, Grundzüge der Steuerlehre, Berlin 1902
(zitiert: Fuisting, Grundzüge)

Gübbels, Bernhard: Die vermögensteuerliche Bewertung des beweglichen Anlagevermögens, Köln 1968

Gürsching-Stenger: Bewertungsgesetz, Vermögensteuergesetz, Kommentar, 1. - 5. Aufl., Köln 1973

Haider / Engel / Dürschke: Bewertungsgesetz und Bodenschätzungsgesetz, 3. Aufl., München / Berlin 1954

Haller, Heinz: Die Steuern, Grundlinien eines rationalen Systems öffentlicher Abgaben, Tübingen 1964

Herrmann / Heuer: Kommentar zur Einkommensteuer und Körperschaftsteuer einschließlich Nebengesetze, 15. Aufl., Köln 1950/72

Hüffer, Paul-Eduard: Verlagsrechte bei der Einheitsbewertung, Kölner Diss. jur. 1964

Hüttel, Rainer Thomas: Die aufschiebende und die auflösende Bedingung und Befristung im Bewertungsgesetz, Münchener Diss. jur. 1970

Huffmann, Carl-Heinz: Die Vermögensbesteuerung des Unternehmens, — Ein Beitrag zur Bewertungslehre, — Berlin 1925

Institut Finanzen und Steuern: Zur Steuerreform, Die Vermögensteuer, Heft 100, Bonn 1971

Kamp / Müssener / Scheer: Steuerlehre, Besonderer Teil, Bonn 1970

Körner, Hans: Die allgemeine Vermögensteuer in der deutschen Wirtschaftsentwicklung, Bonn 1930

Kolbe, Kurt: Theorie und Praxis des Gesamtwertes und Geschäftswertes der Unternehmung, 3. Aufl., Düsseldorf 1967

Lackmann, Fritz: Theorien und Verfahren der Unternehmensbewertung, 2. Aufl., Berlin 1962

Ley, Rolf-Hasso: Die Bewertungsgrundsätze des Bewertungs- und Einkommensteuerrechts, Berlin 1956

Lion, Max: Das Bilanzsteuerrecht, Berlin 1922

Littmann / Förger: Rückstellungen in Ertragsteuerbilanzen und bei der Einheitsbewertung des Betriebsvermögens, Stuttgart 1964

Moll, Bruno: Zur Geschichte der Vermögensteuern, Leipzig 1911

Mrozek, Alfons: Handbuch des Steuerrechts, Abteilung I, Kommentar zur Reichsabgabenordnung, Köln 1921

Müller, Günter: Vergleichende Untersuchung der Besteuerung von gewerblicher Wirtschaft und Landwirtschaft, Mainzer Diss. jur. 1971

Münstermann, Hans: Wert und Bewertung der Unternehmung, Wiesbaden 1966

Noack, Hilmar: Wirtschaftsgut oder wertsteigernder Faktor im steuerlichen Bewertungsrecht, Düsseldorf 1961

Peusquens, Herbert: Die bewertungsrechtliche Behandlung bedingter und befristeter Rechtsverhältnisse, Kölner Diss. jur. 1964

Rössler / Troll: Bewertungsgesetz und Vermögensteuergesetz, Kommentar, 9. Aufl., München 1972

Ruckteschell / Weisse: Die Reform der Einheitsbewertung des Betriebs- und Grundvermögens, Institut Finanzen und Steuern, Heft 45, Bonn 1956

Sauer, Alexander: Die Bedeutung des Vermögens in der Steuertheorie und im Aufbau des deutschen Steuersystems, Kölner Diss. rer. pol. 1930

Schmalenbach, E.: Beteiligungsfinanzierungen, Leipzig 1932

Schnitzler, Hugo: Teilwert und gemeiner Wert im Einkommensteuergesetz und Reichsbewertungsgesetz, Münsterische Diss. jur. 1936

Schubert, Alfred Andreas: Der gemeine Wert, Berlin / Wien 1925

Segitz, Oswald: Die Bewertung unnotierter Anteile und Aktien, Berlin 1962

Sidlo, Josef: Das Verhältnis von Steuerbilanz und Vermögensaufstellung hinsichtlich der Bewertung, Kölner Diss. jur. 1949

Steinhardt, Rolf: Bewertungsgesetz mit Durchführungsbestimmungen, 4. Aufl., Stuttgart 1971

Stenner, Franz: Der Begriff der wirtschaftlichen Einheit im Sinne des Bewertungsgesetzes insbesondere beim Grundvermögen, Münsterische Diss. jur. 1971

Strutz, Georg: Reichsbewertungsgesetz in Handbuch des Reichssteuerrechts, 3. Aufl., Berlin / Wien 1927
(zitiert: Strutz, RBewG)

— Handausgabe der Vermögensteuergesetze 1922, Berlin 1922
(zitiert: Strutz, VStG 1922)

Theel, Günther: Die Teilwerttheorie des Reichsfinanzhofes in der steuerlichen Erfolgsbilanz und in der Vermögensteuerbilanz, Kölner Diss. rer. pol. 1936

Thümen, Georg: Das Vermögensteuergesetz 1931, Berlin 1932

Tipke, Klaus: Die Steuerprivilegien der Sparkassen, Steuersystematische und verfassungsrechtliche Aspekte, Köln 1972
(zitiert: Tipke, Steuerprivilegien)

— Steuerrecht, Ein systematischer Grundriß, Köln 1973
(zitiert: Tipke, Steuerrecht)

Tipke / Kruse: Reichsabgabenordnung, Kommentar, 2. - 5. Aufl., Köln 1965/72

Viel / Bredt / Renard: Die Bewertung von Unternehmungen und Unternehmungsanteilen, 3. Aufl., Stuttgart 1970; 2. Aufl., Stuttgart 1967

Weyer, Friedhelm: Die grundsätzliche Behandlung der Bedingungen und Befristungen bei der Einheitsbewertung des Betriebsvermögens, Kölner Diss. jur. 1964

II. Abhandlungen

Becker, Enno: Zum Begriff der wirtschaftlichen Einheit — von der Reichsabgabenordnung zum Reichsbewertungsgesetz, StuW 1926, 1 und 193

— Grundfragen aus den neuen Steuergesetzen, StuW 1926, 887

— Grundfragen aus den neuen Steuergesetzen — Zur steuerrechtlichen Behandlung des Firmenwertes und der immateriellen Güter, StuW 1927, 79

— Zur Rechtsprechung — Allgemeines Steuerrecht, Einkommensteuerrecht, Reichsbewertungsgesetz, StuW 1930, 559

Bergmann, Walter: Die steuerliche Beurteilung schwebender Geschäfte, DB 1972, 2367

Boettcher, Carl: Pensionsverpflichtungen und Einheitsbewertung, StuW 1949, 471

— Bedingte Lasten bei der Einheitsbewertung des Betriebsvermögens, StuW 1950, 401

Felix, Günther: Rückstellungen bei der Einheitsbewertung, DStR 1963, 277

Flämig, Christian: Die Angleichung der Vermögensaufstellung an die Steuerbilanz unter dem besonderen Aspekt der Behandlung der Rückstellungen bei der Einheitswertfeststellung des Betriebsvermögens, Steuer-Kongreß-Report 1968, 303

Friedlaender, Kurt: Schulden bei der Einheitsbewertung von Betriebsvermögen — Ein Beitrag zu der Lehre von der wirtschaftlichen Betrachtungsweise im Steuerrecht, StuW 1952, 409

— Rückstellungen bei der Einheitsbewertung, StuW 1963, 339

— Bewertung von Forderungen eines gewerblichen Unternehmens nach dem Bewertungsgesetz, BB 1972, 130

Glade, Anton: Zur Behandlung des Firmenwertes in der Ertragsteuerbilanz und nach dem Bewertungsgesetz, insbesondere Bewertungs- und Berechnungsmethoden, StbJb 1969/70, 287

Gödde, Ernst: Handels- und Steuerbilanz — Eine Grundlegung zur Bilanzvereinheitlichung, StuW 1948, 299

Greiffenhagen, H.: Der steuerlich „unsterbliche" originäre Geschäftswert, FR 1969, 126

Groh, Manfred: Der Geschäftswert in der Einheitsbewertung, FR 1973, 280

Grossmann, Eugen: Die Vermögensteuer in: Handbuch der Finanzwissenschaft, 2. Aufl., Tübingen 1956, Band II, 524

Gübbels, Bernhard: Berücksichtigung bedingter Lasten bei der Feststellung des Einheitswerts des Betriebsvermögens — Pensionanwartschaften bei der Einheitsbewertung, FR 1951, 82

— Berücksichtigung bedingter Lasten bei der Feststellung des Einheitswertes des Betriebsvermögens, FR 1952, 7

— Zur Frage der Einzel- und Gesamtbewertung bei der Einheitswertfeststellung des Betriebsvermögens, FR 1958, 35

— Zur Frage der Gesamtbewertung der wirtschaftlichen Einheit des Betriebsvermögens — Rechtsverbindliche Pensionszusagen bei der Einheitsfeststellung, BB 1959, 520

— Der Grundsatz der Gesamtbewertung bei der Einheitswertfeststellung des Betriebsvermögens, BB 1960, 476

— Die Bedeutung der Gesamtbewertungsvorschrift des § 2 Abs. 1 BewG für die Einheitswertfeststellung des Betriebsvermögens, FR 1960, 283

— Kritische Bemerkungen zu den Vermögensteuerrichtlinien 1960, StbJb 1960/61, 319

— Einzel- oder Gesamtbewertung bei der Einheitswertfeststellung des Betriebsvermögens? — Zur Frage der Anwendung der §§ 4 ff. BewG betr. die aufschiebende und auflösende Bedingung, FR 1965, 293 und 321

Gübbels, Bernhard: Einzel- oder Gesamtbewertung bei der Einheitswertfeststellung des Betriebsvermögens, FR 1967, 26

— Bemerkenswerte ertragsteuerliche und bewertungsrechtliche Grundsatzfragen, FR 1967, 174 und 243

— Keine „Einzelbewertung", sondern „Gesamtbewertung" bei der Einheitswertfeststellung des Betriebsvermögens, StBp 1967, 180

— Die Bewertungsmethode bei der Einheitswertfeststellung des Betriebsvermögens, FR 1969, 31

Gürsching, Lorenz: Berücksichtigung bedingter Lasten bei der Einheitsbewertung des Betriebsvermögens, DStZ A 1951, 361

— Schuldenabzug und Rückstellungen bei der Einheitsbewertung des Betriebsvermögens, Inf A 1960, 102

Horn, Max: Bewertung von Garantierückstellungen, BB 1960, 319

Jüngling, Hanns: Der Teilwert im Rahmen der steuerlichen Wertbegriffe, StuW 1947, 657

Kassühlke, G.: Ist der Ansatz des immateriellen Wirtschaftsguts „Firmenwert" bei der Einheitsbewertung des Betriebsvermögens gerechtfertigt? Inf A 1966, 49

Koch, Fritz E.: Grenzen des bilanzfähigen Betriebsvermögens nach dem RBewG, StuW 1927, 45

Laule, Gerhard: Einzel- oder Gesamtbewertung bei der Einheitswertfeststellung des Betriebsvermögens, FR 1966, 522

Lausberg, Friedrich-Wilhelm: Unterschiedliche Teilwertansätze in Steuergesetzgebung sowie in Finanzrechtsprechung und ihre systematischen Konsequenzen, DB 1972, 2176

Leissle, Fritz: Zur Bewertung von Verlagsrechten im Ertrag- und Vermögensteuerrecht, StuW 1955, 777

Lion, Max: Die Besteuerung des Geschäftswerts (Goodwill, Kundschaft, Firmenwert, Verlagswert), StuW 1925, 725

— Die Vermögensteuer auf den Geschäftswert (Goodwill, Verlagswert), VJStFR 1927, 550

Lohnert, Friedrich: Einzel- oder Gesamtbewertung bei der Einheitswertfeststellung des Betriebsvermögens, BB 1969, 792 ff.

Loos, Gerold: Der Geschäftswert im Bewertungsrecht bei Veräußerung von Mitunternehmeranteilen, DB 1968, 1507

Maaßen, Kurt: Voraussetzungen für die Anerkennung von Rückstellungen bei der Einheitsbewertung des Betriebsvermögens, FR 1960, 199

— Aktuelle Fragen der Vermögensbesteuerung, StbJb 1961/62, 321

Martin, W.: Ist die Regelung des § 105 BewG über den Abzug von Steuerschulden bei der Vermögensermittlung verfassungswidrig? FR 1972, 356

Meuschel, Hans: Fragen des Bewertungsrechts, StbJb 1957/58, 339

Mocker, Rüdiger: Zum Abzug der Körperschaftsteuerschuld als Betriebsschuld bei der Einheitsbewertung, BB 1972, 266

Müller, Erich: Gemeiner Wert und Teilwert, StbJb 1957/58, 355

Müller, Erich: Berücksichtigung von Garantieverpflichtungen nach Einkommensteuer- und Bewertungsrecht, StbJb 1960/61, 279

Mutze, Otto: Rückstellungen bei der Einheitsbewertung des Betriebsvermögens, DB 1966, Beilage 4

Roer, Hans: Bilanzierung und Vermögensbewertung bei schwebenden Geschäften, DB 1972, 345

Rössler, Rudolf: Verlagsarchive bei der Einheitsbewertung des Betriebsvermögens, BB 1972, 744

Scheuerle, Wilhelm A.: Das Wesen des Wesens, AcP 163. Bd. (1964), 429

Seweloh, Arthur: Zum Vermögensteuerrecht, StuW 1932, 125

— Zum Vermögensteuerrecht, StuW 1933, 1025

Spital-Frenking, Ewald: Zur Abzugsfähigkeit der auf die Dividende entfallenden KSt bei der Einheitsbewertung des Betriebsvermögens, DB 1970, 17

— Zur Abzugsfähigkeit der auf die Dividende entfallenden Körperschaftsteuer bei der Einheitsbewertung des Betriebsvermögens, DB 1972, 1795

Spitaler, Armin: Inwieweit sind Verlags- und Belieferungsrechte bewertbare und aktivierungspflichtige Wirtschaftsgüter? FR 1956, 243

— Die wirtschaftliche Betrachtungsweise im Rahmen des § 6 BewG, FR 1961, 103

— Wirtschaftsgut, FR 1961, 158

— Vorwort zu Noack, Wirtschaftsgut oder wertsteigernder Faktor im steuerlichen Bewertungsrecht

Schoppe, Rainer: Bewertung des Firmenwerts bei der Veräußerung von Mitunternehmeranteilen, FR 1971, 461

Steinberg: Gedanken zu aktuellen Fragen aus dem Recht der Einheitsbewertung des Betriebsvermögens im Rahmen des Problems Steuerrecht und Betriebswirtschaftslehre, StBp 1967, 121

Stenger, Alfons: Die Behandlung von Rückstellungen bei der Einheitsbewertung des Betriebsvermögens, DStZ A 1957, 274

Thomä, K. E.: Das Unternehmen als wirtschaftliche Einheit im deutschen Vermögensteuerrecht, VJStFR 1927, 307

Tilemann, D.: Zur Problematik des Teilwertes bei der Einheitsbewertung des Betriebsvermögens, BB 1958, 53

Tipke, Klaus: Steuerrecht — Chaos, Konglomerat oder System? StuW 1971, 2

— Steuerrechtswissenschaft und Steuersystem in Verfassung, Verwaltung, Finanzen, Festschrift für Wacke, Köln 1972
(zitiert: Tipke, Steuerrechtswissenschaft)

— Anwendung des Gleichheitssatzes im Steuerrecht — Methode oder irrationale Spekulation, BB 1973, 157

Veiel, Otto: Organschaft und wirtschaftliche Einheit bei der Einheitsbewertung, StuW 1940, 665

— Betriebswirtschaftslehre und Einheitsbewertung, StuW 1941, 1

Weyer, Friedhelm: Die Bewertungsmethode bei der Einheitsbewertung des Betriebsvermögens und die Anwendbarkeit der §§ 4 bis 8 BewG, FR 1967, 337

Wündisch, Fritz: Wie weit ist Vermögensbesteuerung sinnvoll, FR 1971, 85

III. Gesetzesmaterialien

Reichsabgabenordnung 1919: Amtliche Begründung, Verhandlungen der Nationalversammlung, Anlagen, Bd. 338, Berlin 1920, Nr. 759, S. 535 ff.

Vermögensteuergesetz 1922: Amtliche Begründung, Verhandlungen des Reichstags, Anlagen, Bd. 369, Berlin 1924, Nr. 2862, S. 1

— Bericht des Ausschusses, Verhandlungen des Reichstags, Anlagen, Bd. 371, Berlin 1924, Nr. 3728 f., S. 3785

Reichsbewertungsgesetz 1925: Amtliche Begründung, Verhandlungen des Reichstags, Anlagen, Bd. 400, Berlin 1925, Nr. 797

— Bericht des Ausschusses, Verhandlungen des Reichstags, Anlagen, Bd. 403, Berlin 1925, Nr. 1237

Reichsbewertungsgesetz 1935: Amtliche Begründung, RStBl 1935, 161

IV. Verwaltungsanordnungen

Verfügung der OFD Düsseldorf vom 4. 1. 1968, StEK § 109 BewG Nr. 14

Erlaß des Finanzministeriums Bayern vom 3. 3. 1970, StEK § 109 BewG Nr. 24

Erlaß des Finanzministeriums Niedersachsen vom 6. 1. 1972, StEK § 109 BewG Nr. 36

Verzeichnis der angeführten Gerichtsentscheidungen

I. Preußisches Oberverwaltungsgericht
Entscheidungen in Steuersachen

30. 4. 1896	Rep E II	40/96	Bd. 5, 112
29. 5. 1896	Rep E IX	22/95	Bd. 5, 117
17. 5. 1897	Rep E IX	84/96	Bd. 6, 30
11. 3. 1899	Rep E III	43/97	Bd. 8, 328
29. 1. 1916	E VII b	11/15	Bd. 17, 325

II. Reichsfinanzhof

27. 11. 1919	I A	108/19	Bd. 2, 118
13. 1. 1920	I A	45/19	Bd. 2, 187
30. 6. 1921	II A	270/21	Bd. 6, 162
25. 11. 1921	II A	416/21	StuW 1922, Nr. 149, S. 242
28. 9. 1922	III A	260/22	Bd. 10, 250
16. 11. 1922	III A	476/22	StuW 1923, Nr. 355, S. 375
11. 4. 1923	III A	502/22	StuW 1923, Nr. 613, S. 663
29. 5. 1923	III A	53/23	Bd. 12, 192
7. 7. 1923	III A	180/23	StuW 1923, Nr. 777, S. 855
28. 9. 1925	I A	91/25	Bd. 17, 265
13. 4. 1926	I A	18/26	Bd. 19, 51
14. 12. 1926	VI A	575/26	Bd. 20, 87
15. 3. 1927	I A	173/26	StuW 1927, Nr. 495, S. 669
28. 2. 1930	III A	84/28	RStBl 1930, 287
20. 3. 1930	III A	326/29	RStBl 1930, 746
20. 3. 1930	III A	297/29	RStBl 1930, 747
4. 4. 1930	III A	103/30	RStBl 1930, 749
10. 4. 1930	III A	337/29	RStBl 1930, 298
30. 4. 1930	III A	395/29	RStBl 1930, 402
8. 5. 1930	III A	333/29	RStBl 1930, 750
10. 7. 1930	III A	119/29	RStBl 1930, 629
17. 7. 1930	III A	15/29	RStBl 1931, 38
24. 9. 1931	III A	409/29	RStBl 1932, 120
15. 10. 1931	III A	1 195/30	RStBl 1932, 123
29. 10. 1931	III A	111/29	RStBl 1935, 106
17. 12. 1931	III A	655/30	RStBl 1932, 328
21. 1. 1932	III A	562/30	RStBl 1932, 964
23. 9. 1932	III A	325/31	RStBl 1932, 990
1. 12. 1932	III A	784/31	RStBl 1933, 125
23. 2. 1933	III A	497/31	RStBl 1933, 698
22. 6. 1933	III A	240/32	RStBl 1933, 875
16. 11. 1933	III A	243/33	RStBl 1934, 37
25. 10. 1934	III A	313/34	RStBl 1935, 25

15. 11. 1934	III A	336/34	RStBl 1935, 476
24. 1. 1935	III A	406/33	RStBl 1935, 584
11. 2. 1937	III A	201/36	RStBl 1937, 603
29. 4. 1937	III A	13/37	RStBl 1937, 895
24. 6. 1937	III A	28/37	RStBl 1937, 798
24. 6. 1937	III A	79/37	RStBl 1937, 972
23. 9. 1937	III A	85/37	RStBl 1938, 57
10. 2. 1938	III	211/37	RStBl 1938, 531
26. 1. 1939	III	132/37	RStBl 1939, 553
29. 2. 1940	III	265/38	RStBl 1940, 652
11. 7. 1940	III	16/40	RStBl 1940, 823
10. 10. 1940	III	86/40	RStBl 1941, 227
19. 12. 1940	III	138/40	RStBl 1941, 388
2. 10. 1941	III	45/41	RStBl 1941, 926
13. 11. 1941	III	105/41	RStBl 1942, 43
19. 12. 1941	III	140/41	RStBl 1942, 354
29. 1. 1942	III	39/41	RStBl 1942, 499
29. 1. 1942	III	175/41	RStBl 1942, 511
12. 5. 1942	III	56/42	RStBl 1942, 716
18. 6. 1942	III	146/41	RStBl 1942, 884
30. 7. 1942	III	135/41	RStBl 1942, 1083
29. 10. 1942	III	124/42	RStBl 1943, 69
30. 9. 1943	III	48/43	RStBl 1944, 35
16. 12. 1943	III	71/43	RStBl 1944, 428

III. Bundesfinanzhof

25. 10. 1951	III	43/50 S	BStBl III 1952, 37
4. 7. 1952	III	85/51 S	BStBl III 1952, 206
5. 11. 1954	III	9/54 S	BStBl III 1954, 381
26. 8. 1955	III	133, 134/54 S	BStBl III 1955, 278
17. 8. 1956	III	78/55 U	BStBl III 1956, 297
5. 10. 1956	III	276/56 U	BStBl III 1956, 374
23. 11. 1956	III	132/56 S	BStBl III 1957, 14
5. 7. 1957	III	106/54 U	BStBl III 1957, 297
26. 7. 1957	III	161/54 S	BStBl III 1957, 314
24. 1. 1958	III	255/56 S	BStBl III 1958, 146
3. 4. 1959	III	353/57 S	BStBl III 1959, 300
30. 4. 1959	III	121/58 S	BStBl III 1959, 314
8. 1. 1960	III	345/57 S	BStBl III 1960, 83
7. 10. 1960	III	366/58 U	BStBl III 1960, 508
8. 9. 1961	III	125/61 S	BStBl III 1962, 19
1. 12. 1961	III	212/56 S	BStBl III 1962, 98
30. 3. 1962	III	358/61 U	BStBl III 1962, 232
27. 7. 1962	III	65/62 U	BStBl III 1962, 436
12. 10. 1962	III	227/59	HFR 1963, 385
13. 3. 1964	III	225/61 U	BStBl III 1964, 378
17. 4. 1964	III	340/61 U	BStBl III 1964, 380
30. 4. 1964	III	263/61	HFR 1964, 451
22. 5. 1964	III	49/60 U	BStBl III 1964, 402
12. 6. 1964	III	329/60 U	BStBl III 1964, 450
12. 6. 1964	III	276/61	HFR 1965, 149

19. 10. 1964	III	344/60 U	BStBl III 1965, 2
19. 10. 1964	III	400/60 S	BStBl III 1965, 3
19. 10. 1964	III	24/61 U	BStBl III 1965, 6
19. 10. 1964	III	260/61 U	BStBl III 1965, 7
20. 11. 1964	III	341/61 U	BStBl III 1965, 68
26. 11. 1964	III	387/61 U	BStBl III 1965, 80
19. 2. 1965	III	342/61 U	BStBl III 1965, 248
5. 3. 1965	III	259/61 S	BStBl III 1965, 276
19. 3. 1965	III	84/62 U	BStBl III 1965, 310
22. 10. 1965	III	28/61 U	BStBl III 1966, 3
4. 3. 1966	III	58/62	BStBl III 1966, 348
17. 5. 1966	III	249/64	BStBl III 1966, 481
22. 12. 1966	III	344/63	BStBl III 1967, 282
17. 3. 1967	III	238/63	BStBl III 1967, 486
14. 7. 1967	III R	74/66	BStBl III 1967, 770
10. 5. 1968	III R	112/67	BStBl II 1968, 703
12. 7. 1968	III	181/64	BStBl II 1968, 794
28. 8. 1968	III R	15/67	BStBl II 1969, 2
18. 4. 1969	III R	89/66	BStBl II 1970, 2
2. 5. 1969	III	170/65	BStBl II 1969, 700
25. 6. 1969	II	131/63	BStBl II 1969, 653
13. 2. 1970	III	156/65	BStBl II 1970, 369
13. 2. 1970	III R	43/68	BStBl II 1970, 373
6. 3. 1970	III R	20/66	BStBl II 1970, 489
29. 4. 1970	IV R	20/67	BStBl II 1970, 726
16. 6. 1970	II	95 - 96/64	BStBl II 1970, 690
26. 6. 1970	III R	98/69	BStBl II 1970, 735
7. 8. 1970	III R	119/67	BStBl II 1970, 842
14. 10. 1970	I R	94/70	BStBl II 1971, 28
5. 3. 1971	III R	130/68	BStBl II 1971, 481
9. 7. 1971	III R	6/70	BStBl II 1971, 795
16. 7. 1971	III R	29/70	BStBl II 1971, 796
6. 8. 1971	III R	9/71	BStBl II 1971, 677
6. 8. 1971	III R	50/70	BStBl II 1972, 163
27. 8. 1971	III R	94/70	BStBl II 1972, 100
5. 10. 1971	VIII R	19/68	BStBl II 1972, 62
26. 11. 1971	III R	74/71	BStBl II 1972, 312
26. 11. 1971	III R	110/70	BStBl II 1972, 311
26. 11. 1971	III R	87/70	BStBl II 1972, 310
26. 1. 1972	III R	13/71	BtSBl II 1972, 446
28. 4. 1972	III R	111/71	BStBl II 1972, 524
10. 5. 1972	III R	83/71	BStBl II 1972, 688
26. 5. 1972	III R	23/70	BStBl II 1972, 668
26. 5. 1972	III R	61/71	BStBl II 1972, 693
21. 7. 1972	III R	147/71	BStBl II 1972, 872
2. 3. 1973	III R	88/69	BStBl II 1973, 475
26. 5. 1973	III R	95/72	BStBl II 1973, 623

IV. Andere Gerichte

BVerfG vom 11. 6. 1958 1 BvR 596/56 BVerfGE 7, 377
BVerfG vom 7. 5. 1968 1 BvR 420/64 BVerfGE 23, 242

FG Düsseldorf (Köln) vom 7. 5. 1969 VIII 1 - 6/64 Bew, EFG 1969, 478
FG Düsseldorf (Köln) vom 15. 7. 1970 VII 44/70 Bew, EFG 1971, 6
FG Niedersachsen vom 21. 10. 1970 I 137/69 EFG 1971, 121
FG Niedersachsen vom 30. 10. 1970 I 111/68 EFG 1971, 123
FG Berlin vom 12. 7. 1971 VI 201/68 EFG 1971, 526
OFH vom 19. 12. 1949 III 21/49 S StuW 1950, Nr. 43
RG vom 2. 2. 1889 Rep I 332/88 RGZ 24, 45

Printed by Libri Plureos GmbH
in Hamburg, Germany